P9-DFM-326

MADERO

GRANDES MEXICANOS
ILUSTRES

MADERO

Raúl Pérez López-Portillo

DASTIN, S.L.

© DASTIN, S.L.
Polígono Industrial Európolis, calle M, 9
28230 Las Rozas - Madrid (España)
Tel: + (34) 916 375 254
Fax: + (34) 916 361 256
e-mail: info@dastin.es
www.dastin.es

Edición Especial para:
**EDICIONES Y DISTRIBUCIONES
PROMO LIBRO, S.A. DE C.V.**

I.S.B.N.: 84-492-0330-9
Depósito legal: M-15.913-2003
Coordinación de la colección: Raquel Gómez

Impreso en España - Printed in Spain

A la memoria de mi madre,
Bertha López Portillo Magallanes

Capítulo Primero

— El entorno previo a la Revolución —

RASGOS GENERALES

La historia de México y la de Estados Unidos corren paralelas desde que ambas naciones se convirtieron en estados soberanos, como producto de la era de la Ilustración y la Revolución entre 1776 y 1826. Libres y soberanos después del derrocamiento de los regímenes coloniales europeos, la trayectoria posterior, sin embargo, ha sido desigual. No obstante, los dos países, en una especie de relación amor-odio, han transitado por sendas llenas de espinas. No ha sido fácil su relación y, como se ha visto, han chocado en multitud de ocasiones. En una de las peores experiencias, a México le ha costado la pérdida de la mitad de su territorio. Los representantes del gobierno de Washington en México tampoco han sido unas almas de la caridad o ángeles celestiales, sino auténticos demonios, y han emponzoñado las amistades y los vínculos. En esas circunstancias y bajo el parámetro casi siempre incuestionable de la fuerza, ejercida por Estados Unidos, a México sólo le ha tocado defenderse con la razón y con muy poca suerte, en asuntos de armas. El expansionismo norteamericano, por tanto, ha marcado la vida de ambos países a lo largo de su historia, incluso ante épocas más recientes; por ejemplo, la incuestionable apetencia del petróleo mexicano, por parte de los norteamericanos. Así, el convulso siglo XIX se alarga hasta la primera etapa del XX, durante la última de las fases armadas en México: la Revolución Mexicana de 1910. Y se extiende incluso hasta 1940, dos años después de que el presidente Lázaro Cárdenas nacionalizara el petróleo. Nunca mejor dicho, el presidente de México Porfirio Díaz, resumió la azarosa relación entre los dos vecinos: «Pobre de México, tan lejos de Dios y tan cerca de los Estados Unidos.»

Es cierto que nadie, ningún país como México, relacionado con Estados Unidos, ha sufrido tantos peligros externos. En el crispado siglo XIX de México, no sólo se perdió la mitad del territorio en una guerra injusta con Estados Unidos (1846-1848), sino que el país tuvo que afrontar otros peligros externos: España intentó reconquistar México en 1829 y en 1845 para instaurar una monarquía; Francia quiso apoderarse del país en 1838 y en 1862-1867, durante el llamado Imperio de Maximiliano de Habsburgo, y México padeció también los constantes ataques de los piratas o de los «indios belicosos» del norte. Por tanto «el choque con los norteamericanos marcó con más fuerza la percepción mexicana del mundo externo y dejó la huella más profunda en la conciencia nacional». En efecto, sólo a consecuencia de la Segunda Guerra Mundial, ambos países tuvieron que limar sus asperezas, para afrontar en mejores condiciones la amenaza del expansionismo nazi-fascista en Europa y en el Pacífico. Como dicen Lorenzo Meyer y Josefina Zoraida Vázquez, la guerra mundial «tuvo gran influencia en el cambio de tal percepción, pues gracias a los grandes sacudimientos que entonces sufrió la estructura del poder internacional, los dos países llegaron a un rápido acuerdo sobre los múltiples problemas aún pendientes».

Los intereses norteamericanos

En 1910, cuando estalla la Revolución Mexicana, la inversión norteamericana era la más fuerte de toda América Latina y «dominante» en el país, desplazando a los rivales europeos. La defensa de estos intereses —ferrocarriles, minas, petróleo, plantaciones— «más la afirmación de un predominio político en lo que se consideraba su esfera natural de influencia —México, Centroamérica y el Caribe—, fue lo que llevó a sucesivas administraciones en Washington a oponerse a las transformaciones económicas y sociales que buscaban los revolucionarios mexicanos y sus sucesores».

Ambos investigadores concluyen en este punto que «fue así como en la confrontación con los Estados Unidos entre 1910 y 1940 —con su gobierno, sus empresarios, sus diplomáticos, sus banqueros, sus clérigos y periodistas; en fin, con todo ese mundo que constituyó la compleja presencia norteamericana en México— tomó forma la parte sustancial del sentimiento nacional mexicano contemporáneo».

De ahí habría que tomar en consideración las relaciones no sólo políticas o diplomáticas entre México y Estados Unidos, sino que parece necesario contemplar todos los aspectos, para centrar las circunstancias en que se desarrolla el régimen del presidente Porfirio Díaz (en los treinta y cuatro años de poder incuestionable), la postura de los revolucionarios antes de la confrontación armada en 1910, la actitud del «apóstol» de la Revolución, Francisco I. Madero, su triunfo y su asesinato, así como el devenir de los hombres que le sustituyeron en la lucha por el poder y la pacificación del país.

Francisco I. Madero (1873-1913) sólo vivió cuarenta años, pero su corta existencia resultó bastante intensa desde que en 1905 decidió dedicarse a las actividades políticas en un régimen que no las permitía abiertamente y sobre todo después de llegar a la presidencia, de escasa duración, de finales de 1911 hasta su renuncia bajo presión de las armas, en febrero de 1913. Su muerte o asesinato, es uno de los acontecimientos más relevantes y lamentables de la historia moderna de México, tiroteado como un perro en la calle, junto al vicepresidente José María Pino Suárez, con todas las agravantes de la ley.

La etapa llamada «porfiriato» transcurre de 1877 a 1911 y está encarnada precisamente por Porfirio Díaz (Oaxaca 1830-París 1915), convertido sucesivamente en héroe de luchas por la soberanía mexicana contra los franceses, presidente de la República y, más tarde, dictador. Hombre de armas, un militar, sus luces políticas son escasas, sin embargo. Hizo intentos por rebelarse, pero al final gana las elecciones por la vía democrática. Fueron diez años de forcejeos para alcanzar el poder y al final lo consiguió por el camino menos pensado, en aquellas épocas convulsas en el país. La primera vez que fue presidente constitucional de México, en mayo de 1877, durante un proceso electoral digno de la mejor democracia en el mundo, el Gobierno norteamericano se niega a reconocerlo, «a menos que satisfaga varias exigencias». Washington lo hizo hasta abril de 1878. Daniel Cosío Villegas recuerda que la falta de ese reconocimiento significaba una amenaza «inmediata y directa» al gobierno del presidente Díaz, «ya que el norteamericano podía fomentar movimientos rebeldes en su contra vendiendo armas» a los partidarios del «depuesto presidente Lerdo, refugiados ahora en Texas».

Poca política, mucha administración

El siglo XIX mexicano era tan convulso como los volcanes que pueblan el país. Al final el régimen liberal del presidente Díaz se consolida con la llamada fórmula de «poca política y mucha administración». El pueblo estaba tan cansado que cualquier cosa que trajera la paz podía ser bien venida. El país camina porque mejoran las circunstancias económicas y el presidente demuestra que «podía mantener la paz y sabía cómo impulsar la economía nacional». Al final, sin embargo, el sistema y la situación «se hicieron cada vez más ingratos hasta provocar la rebelión maderista».

En la última etapa de su gobierno, el presidente Díaz levanta la bandera «del progreso», por encima del liberalismo, del cual era uno de sus más claros exponentes. Su moderación política y habilidad financiera le van a dar poco a poco estabilidad, solvencia y libertad de acción, desconocida hasta entonces, desde su etapa independiente. Complejo siglo XIX mexicano en su parte final, en el que se contempla la figura de dos ilustres personajes de Oaxaca: Benito Juárez, de etnia zapoteca, y Porfirio Díaz, mestizo de sangre mixteca. Entre los dos llenan más de medio siglo de gobierno patriarcal. Cuando dé vuelta la tortilla, el poder pasará del sur al predominio del norte. Entre tanto, la descomposición del régimen del llamado «porfiriato» entre 1877 y 1911, entrado ya el siglo XX, comienza con la Revolución Mexicana y la aparición de nuevos caudillos.

El cambio de imagen es necesario en México. El presidente Porfirio Díaz es un anciano de 77 años cuando el periodista norteamericano James Creelman le entrevista en 1908 y aquél dice estar dispuesto a abandonar el poder, dando paso a los jóvenes con ansias de revitalizar un sistema atenazado por la dictadura. Los secretarios de Relaciones Exteriores y de Justicia tenían a su vez 82 años y también 77, como Porfirio, el general Manuel González Cosío, secretario de la Guerra. El más joven, el poderoso secretario de Hacienda, rebasaba apenas los 54. La edad de los miembros del gabinete sumaba, incluidos don Porfirio y los gobernadores de los estados, «una cifra astronómica». El de Tlaxcala tenía 78 años, 76 el de Tabasco, los de Michoacán y Puebla 75 y 73, los de Guanajuato y Aguascalientes 68 y 70, «y muchos de ellos habían ocupado el cargo más de un cuarto de siglo», recuerda Fernando Benítez. Siguiendo esta ruta de la «senectud», el presidente de la Suprema Corte de Justicia había cumplido 81 años y «el 60 por 100 de los magistrados pasaba de los 70», apunta Francisco Bulnes. Había diputados de 80 y 90 años, mientras en el ejército figuraban generales y coroneles muy ancianos. «El Senado era una colección de momias sin pensamiento, en permanente estado comatoso.»

Con fino humor y claridad, Benítez describe el estado de las cosas: «El trasfondo necesario de arteriosclerosis, reumatismos, sorderas y presbicias, prostatitis, fatigas y desarreglos seniles, constituía un secreto de Estado. Las canas, las arrugas, las calvicies, los pasos vacilantes, lo que no podía ocultarse a las miradas de un pueblo joven, se llevaba con cierta gallardía y el primero en saberse sobreponer a los achaques y a las vicisitudes de la vejez era el propio Díaz. Su lenta deificación, su doble naturaleza de héroe de la guerra y la paz, la conciencia de su poder, hacían de él un ser invulnerable al tiempo y a las leyes que rigen el destino de los hombres comunes y corrientes.»

En este entorno de viejos dirigentes, sobresale, no por su altura física, sino por su edad, el joven treintañero Francisco I. Madero. Desde luego a su edad suma otras características porque no era suficiente ser solo joven, sino tener valentía para enfrentarse a un régimen anquilosado que empezaba a chirriar por muchas partes.

A los ideales de la defensa de la Constitución de 1857, Porfirio Díaz incorpora la Reforma y la no reelección, el «impulso del progreso material», sobre todo basado en el desarrollo del ferrocarril, mirando hacia la frontera norte y el golfo de México (Veracruz), puerta de entrada y salida natural de México hacia Europa, donde también Díaz coloca una pica, tratando de equilibrar sus relaciones. Cuando Porfirio Díaz toma el poder en 1876, México tiene sólo 638 kilómetros de vías férreas; en 1910 aumenta a 19.280 kilómetros. El comercio con Estados Unidos pasa de los nueve millones de pesos en 1870 a treinta y seis en 1877 y a ciento dieciséis millones en 1910. La balanza comercial de México con relación a Estados Unidos pasa de ser desfavorable a ser positiva, a finales del siglo XIX. El país se ha pacificado y gobierna con fuerza y maña. Barre por igual a bandoleros, opositores políticos, generales sediciosos e indios, con especial virulencia contra los yaquis y mayos de Sonora, a muchos de los cuales destierra hasta la lejana Yucatán. Dice que los indios son «enemigos obstinados de la civilización». En muchos casos apli-

ca el llamado «rifle sanitario» o el famoso «mátenlos en caliente». Casi todo el mundo se somete a los dictados de Díaz (legis-
ladores, militares, gobernadores, periodistas, intelectuales, empresarios, Iglesia). Las elecciones resultan ya un mero trámite en
el que sólo se admite la voz del «gran elector», como lo llama
Enrique Krauze.

El que toma las riendas del país es el presidente de la República,
porque es el único que sabe cómo marcha. Porfirio Díaz recuerda siempre que los enfrentamientos «son estériles». Y él es el ár-
bitro de las disputas entre la oligarquía. Todo funciona, en efecto, porque el pueblo está cansado. Arrastra años de luchas y
sacrificios y quiere mejorar su situación. Cuando su política se
vuelve «ingrata» y el rico es más rico, y el pobre, cada vez más pobre, aparece la rebelión encabezada por Francisco I. Madero. «El
país —escribe Krauze— parecía conciliar por fin, sabiamente, sus
dos caras: ni liberal ni tan conservador.» Díaz controla todos los
resortes del poder y al finalizar el «porfiriato», como consecuencia del desarrollo de un sistema capitalista, más del 95 por 100
de las aldeas comunales han perdido sus tierras, según Friedrich
Katz. Se pierden tierras comunales y aparecen los latifundios, al
amparo de la ley o burlándola. Los indios sin tierra se convierten
en peones de hacienda y mano de obra barata, arraigada por las
deudas y por la fuerza.

Deslinde de tierras: grandes latifundios

A raíz de las leyes de colonización, se organizaron en el país
varias compañías denominadas deslindadoras, a fin de deslindar
«tierras baldías» y traer colonos extranjeros para que las trabaja-
ran. Como compensación por los gastos que hicieran se les ad-
judicaría la tercera parte de las tierras deslindadas. Jesús Silva
Herzog ofrece los siguientes datos: «De 1881 a 1889, las compañías de que se trata deslindaron 33.200.000 hectáreas. De esta

cantidad se les adjudicaron de conformidad con la ley, es decir, sin pago alguno, 12.700.000 hectáreas; y se les vendieron a vil precio 14.800.000 hectáreas más. Total: 27.500.000 hectáreas, o sea, algo más del 13 por 100 de la superficie total de la República. Por tanto, solamente quedaron 4.700.000 hectáreas a favor de la nación...». Hasta 1889, esas compañías estaban formadas solamente por veintinueve personas, «todas ellas acaudaladas y de gran valimiento en las altas esferas oficiales».

«Todavía de 1890 a 1906, año en que fueron disueltas las compañías, deslindaron 16.800.000 hectáreas, quedándose con la mayor parte de las tierras los socios de tan lucrativo negocio, cuyo número había ascendido a cincuenta en los comienzos de este siglo.» Por el camino de los deslindes, uno de los socios adquirió en Chihuahua siete millones de hectáreas; otro en Oaxaca, dos millones; dos socios en Durango, otros dos millones, y cuatro en la Baja California, once millones y medio de hectáreas. «De manera que ocho individuos se hicieron propietarios de 22.500.000 hectáreas, hecho sin precedente en la historia de la propiedad territorial en el mundo», resume Silva Herzog en su *Breve historia de la Revolución Mexicana*.

Según el Censo de Población de 1910, en México había 840 hacendados, 411.096 personas clasificadas como agricultores y 3.096.827 jornaleros del campo. La población total de la República ascendía a 15.160.369 habitantes. Los 840 hacendados, «sin dejar lugar a duda», sí estaban clara y perfectamente clasificados por el censo. «Eran los dueños de la mayor parte del territorio nacional. Uno de ellos, el general Terrazas, poseía en el norte millones de hectáreas, seguramente el propietario individual de más extensas tierras en cualquier país y en todos los tiempos», subraya Silva Herzog; por eso, cuando alguien preguntaba si Terrazas era de Chihuahua, la respuesta era: «No, Chihuahua es de Terrazas.»

Por tanto, de aquí a la Revolución sólo había un paso, y esa obra correspondería a un joven miembro de una familia también acomodada, los Madero, originarios de Parras, Coahuila. Abiertas las puertas al capital exterior, el director supremo de la política económica de México durante cuarenta años, el ministro de Hacienda José Ives Limantour, creyó que así se resolverían los problemas del país. Olvidadas las empobrecidas masas campesinas, preocupados sólo por la producción y la dirección de los fenómenos monetarios, el Gobierno del presidente Díaz «jamás se preocupó por resolver el problema de la distribución del ingreso. Hubo progreso económico, pero no desarrollo económico, que es diferente».

Reajuste histórico

La Revolución Mexicana impulsada por un «un hombre bueno», pero «ingenuo», como Francisco I. Madero, nace como un movimiento político democrático moderno, acompañado de una «vieja petición de tierras», impulsando la consigna de «sufragio efectivo, no reelección». Paradójico, contradictorio y surrealista como siempre, el México de finales del «porfiriato» y principios del movimiento armado, como dice Carlos Fuentes, se mueve y moviliza a partir del libro escrito por Madero, *La sucesión presidencial en 1910*, en un país de analfabetos.

Enrique Krauze, por su parte, asegura que «más allá del inmenso poder de su mitología, la Revolución mexicana fue, en efecto, un vasto reajuste histórico en el cual la gravitación del pasado remoto de México —indígena y virreinal— corrigió el apremio liberal y porfirista hacia el porvenir».

Confrontados el anciano régimen de Díaz contra la vitalidad de un joven como Madero y los que le siguen posteriormente en la primera fase armada, resulta vencedora, tras las primeras escaramuzas, la savia nueva que se ha rebelado. Los treinta y cuatro años de sistema porfirista cayeron estrepitosamente en unos cuantos meses, entre el 20 de noviembre de 1910 y la partida al exilio parisiense del dictador, en mayo de 1911. La biografía de Madero, por tanto, es la de México y particularmente la de la Revolución armada en su primera fase. Nace y se desenvuelve a la par del régimen de Díaz y se coloca en la primera fila entre los opositores; a partir de ese momento, siguiendo la trayectoria del poder en México en el siglo XIX, el péndulo de la fuerza pasa del sur al norte. Porfirio Díaz (Oaxaca), Benito Juárez (Oaxaca), Antonio López de Santa Ana (Veracruz) o Vicente Guerrero (Guerrero) dejan paso a nuevas generaciones procedentes del norte: Francisco I. Madero (Coahuila), Francisco Villa (Durango), Venustiano Carranza (Coahuila), Álvaro Obregón (Sonora), Plutarco Elías Calles (Sonora), Victoriano Huerta (Jalisco), Lázaro Cárdenas (Michoacán). La excepción sureña que confirma la regla es Emiliano Zapata (Morelos).

En efecto, otra compleja paradoja es la que nace en México durante su proceso revolucionario. Contrariamente al viejo estilo revolucionario, de que las luchas nacen a partir de «ideas o ideales», los mexicanos descubren, como dice el poeta Ramón López Velarde, que en esta antigua «tierra castellana y morisca, rayada de azteca», los ideales tienen nombres propios y el «baile de las balas» se mueve en torno a personajes. Cada uno genera un «ismo» específico a su zaga, como apunta Krauze: maderismo, villismo, carrancismo, obregonismo, callismo, cardenismo. «¡Viva Madero!», proclamaba el lema pintado inacabablemente en los muros del país. «¡Vámonos con Pancho Villa!», gritaban los jinetes de la División del Norte, que seguían al «Centauro» impulsados por apego a su persona. «¡Por mi general Zapata!», luchaban y morían los campesinos de Morelos.

Francisco I. Madero aparece en el crepúsculo del régimen del presidente Porfirio Díaz, como «el apóstol» de la democracia en México, dispuesto a todo, aglutinando el descontento general del país. Las fuerzas que va a generar su actitud levantarán un torbellino en un país en el que nada se movía, ni siquiera la hoja de un árbol, sin que lo ordenara la voz de su amo, el mixteco de Oaxaca, Porfirio Díaz. «Un viejo gobernante de setenta años no es lo que necesita una nación joven y briosa como México», había dicho el presidente en 1900. En efecto, el México bronco se le iba a levantar al Patriarca dentro de poco. La suerte estaba ya echada y lejos de ser enterrado en su tierra, en el «panteón de la patria», moriría desterrado en el extranjero, en la ciudad de París, donde aún sus restos permanecen.

Capítulo II

— La familia Madero —

LOS ORÍGENES ESPAÑOLES

L A biografía de Francisco I. Madero se remonta al origen español de las generaciones que le precedieron. La saga de los Madero parte de Evaristo Madero, hijo del agricultor José Francisco Madero, descendiente de españoles nacido en 1775, en la época de la Nueva España. Remontándonos a aquella lejana época colonial, Evaristo era bisnieto de Alejo de Bernabé Madero y Francisca Lavadía, nacidos en el Puerto de Santa María y Cádiz (Andalucía, en el sur de España). Cádiz tomaba el relevo de Sevilla, a la hora de monopolizar el comercio entre España, la metrópoli, y sus colonias, como la Nueva España. Alejo de Bernabé Madero enviaba vinos al puerto de Veracruz. La ciudad de Cádiz, con su actividad comercial y el talante liberal de sus habitantes parecía ganar el mundo con verdaderos ejemplos de empresa y laboriosidad. En este contexto se desarrollaron, con desahogo y entregados al trabajo, la familia de Alejo y Francisca, con sus hijos Francisca y Joaquín. A pesar de su provincianismo, Cádiz era prácticamente la puerta de salida hacia las tierras conquistadas por España. Por eso no debe extrañar que Alejo tuviera algún deseo de conocer la Nueva España, con quien comerciaba. Pero no fue él, sin embargo, a pesar de sus relaciones mercantiles y amigos, sino su hija Francisca, la que tuvo la suerte de realizar el viaje transatlántico. Francisca se casó con uno de los hombres de negocios con quien su padre mantenía tratos mercantiles, José Marrugat y Roldán, originario de la villa de Igualada, Cataluña, hijo de José Marrugat Puig y María Bárbara Marrugat y Roldán, quienes vivían en la ciudad de México y habían levantado en ese lugar de Nueva España «una fortuna representada en establecimientos comerciales, fincas y barras mineras».

En virtud de que la joven Francisca era «inexperta» y viajaba a «muy distantes y desconocidas tierras», Alejo y su mujer pidieron al joven Marrugat que llevara con ellos a Joaquín, «el amado hermano de la novia...». El novio se llevó también a la ciudad de México al primo hermano de Francisca, José. La boda se efectuó en 1786 y ese mismo año aquellos tres Madero «pisaron tierra mexicana para fundar una de las más honorables, numerosas y prósperas familias de México, y de la cual saldría un hombre memoratísimo», en palabras de José C. Valadés.

Joaquín se marchó después al norte de la Nueva España, acompañado de su primo José, para buscar tierras propicias y climas convenientes a fin de cultivar la vid, como en Andalucía. José se estableció en Chihuahua, atraído por la minería, y su primo Joaquín, tras casarse, fijó su residencia de manera provisional en Parras, Coahuila. «Vecino de Parras, o tal vez de San Pedro de las Colonias, el hecho es que don Joaquín vivió cerca del cariño y del entendimiento de su hermana y de su cuñado; y sus hijos Primitivo, Francisco y María Josefa, aunque nacidos en el norte, pasaban largas temporadas en la capital del virreinato muy apegados a la tía doña Francisca de Marrugat.» Pero tuvo mala suerte porque todos sus hijos murieron prematuramente; su esposo José, que la había traído a Nueva España, falleció el 18 de agosto de 1810, en la víspera de la lucha independentista. Viuda y heredera, Francisca recibió, sin embargo, el calor fraternal de su hermano y de su primo. Joaquín volvió a sus tareas agrícolas y José se quedó para ayudarla a resolver asuntos jurídicos y a administrar sus negocios.

En 1816 le dejaron en la puerta de su casa a un niño que recibió y dio nombre y bautizó: se llamó José Joaquín Madero. El testamento de Francisca fue certificado en 19 de mayo de 1818 por el escribano de su majestad, Fernando Tamayo. Así dejó asegurado a su hijo adoptivo, «ordenando que José Joaquín entrara a mandar de sus bienes heredados a la edad de catorce años. Sin embargo, la mayor parte de sus intereses los heredó doña Francisca a su amado hermano don Joaquín».

Cuatro años más vivió doña Francisca y después de su muerte, todos los Madero se trasladaron a Parras, donde Joaquín, primero, y su hijo Francisco, después, «dieron cuerpo y vida a la vitivinicultura que constituía la vocación familiar». Fue por esta época cuando el apellido De Bernabé empieza a desaparecer. Don Joaquín fue el último que se firmó De Bernabé Madero, apunta José C. Valadés. «De los Madero del norte de México empezaron a brotar los amantes de los viajes de exploración y aventura, los conquistadores del desierto, los aficionados a la política localista, los empresarios de tierras y minas, los colonizadores y gobernantes. De los últimos fue un nieto de don Joaquín: don Evaristo.»

La saga de don Evaristo

Evaristo tenía «un carácter tranquilo y un indeficiente corazón. Era ejemplo de tenacidad y en su fundación de Parras, que él y sus hermanos habían hecho capital de la nueva familia Madero, sólo se conoció su generosidad y templanza; también la firmeza y solidez de sus ideas, pues fue liberal integrísimo desde los últimos días del gobierno Santanista a los días que precedieron a su muerte». José C. Valadés apunta que creyó y defendió siempre el poder civil. «Temió y excluyó siempre, aunque con un elevado espíritu de tolerancia y prudencia, las instrucciones del clero. Sólo cuando fue gobernador de Coahuila trató negocios políticos. Así consideraba y protegía su independencia personal; con éstas, las libertades civiles...».

Nieto de don Evaristo, e hijo de don Francisco Madero Hernández y de doña Mercedes González, Francisco I. Madero nace el 30 de octubre de 1873 en la hacienda El Rosario, del municipio de Parras. Le dan el nombre de Francisco Ignacio, para distinguirlo del progenitor. Es así como aparece en su fe de bautismo, aunque él posteriormente cambia el Ignacio por el de Indalecio.

En efecto, Francisco I. Madero nace el 30 de octubre de 1873 y hereda, por tanto, los genes de su abuelo Evaristo, como éste heredó los bienes materiales de su padre, al morir de cólera en 1833. Evaristo tenía entonces cinco años. Su infancia transcurre en su tierra natal, Río Grande, Coahuila. Se dedica muy joven al comercio y la agricultura y a los diecinueve años se casa con Rafaela Hernández Lombraña, rica heredera de Monterrey, con quien procrearía siete hijos, el mayor de los cuales, nacido en 1849, se llamaría Francisco. Evaristo tenía haciendas de algodón y guayule, fábrica de tejidos, destilerías de licores y minas de cobre, además de molinos en Monterrey, Tampico y Mérida. Funda el primer banco en la frontera norte, el Banco de Nuevo León, en Monterrey, adonde se muda en 1852. Exporta algodón a Estados Unidos, para aprovechar las carencias como consecuencia de la Guerra de Secesión. En la década de los años 70, casado en segundas nupcias con Manuela Farías, se incrementa su fortuna. El negocio florece al amparo de la política económica del régimen de Porfirio Díaz «de paz forzada, desarrollo económico y floreciente prosperidad». Según Stanley R. Ross, es una de las mayores fortunas del país, con más de treinta millones de pesos, unos quince millones de dólares en esa época. La primera mujer muere en 1870 y con su segunda mujer afronta nuevos retos: en 1880 le eligen gobernador de su estado, una gestión de cuatro años, casi los mismos del presidente y compadre de Porfirio Díaz, Manuel «el manco» González (1880-1884), que cumple con los requisitos de la «no reelección».

Evaristo, enemigo de Porfirio Díaz

Pero el gobierno del «manco» González resulta la anécdota en el «porfiriato». Importa, para esta biografía, que el abuelo de Francisco I. Madero tuvo una actuación que «fue bien recordada por el estímulo a la educación elemental y a proyectos de cultura», impulsa la política ferroviaria, inaugura una nueva penitenciaría, un orfanato, combatió los tributos y abre la zona carbonera de Monclova y Río Grande. Intenta fortalecer el Ayuntamiento porque era «baluarte de la soberanía popular [...] libro rudimentario de la democracia», pero la nueva Constitución estatal que promulgó en 1882 tuvo rasgos centralistas. Sin embargo, uno de sus rasgos más valientes, oponerse a la reelección de Porfirio Díaz, le cuesta la enemistad del «gran elector» y la inestabilidad del Estado, «que no concluiría parcialmente hasta finales de la década».

Evaristo se casó dos veces, como se ha dicho, y engendró 19 hijos, 14 de los cuales llegaron a la madurez. Cuando Evaristo murió, con ochenta y dos años, en 1911, le sobrevivieron 34 nietos y 56 bisnietos, además de sus 14 hijos.

Pero también le sobrevive el régimen y el propio Porfirio Díaz, quien no había visto con buenos ojos, como apunta Krauze, que aquel norteño sin ayuda del centro —y muchas veces en oposición a él— amasara «una de las cinco mayores fortunas del país». Según José Vasconcelos, a principios de siglo en sus dominios no se ponía el sol. Porfirio Díaz le vigila durante el periodo de gobierno gubernamental y, con no poca razón, sospechó de Evaristo Madero, cuando en 1893 estalla una rebelión de varios rancheros de Coahuila (entre ellos los hermanos Carranza, de Cuatro Ciénagas), opuestos al deseo reeleccionista del gobernador Garza Galán, quien finalmente desiste de sus intenciones. Porfirio Díaz le escribe una carta a su «hombre fuerte» en el norte, Bernardo Reyes (nacido en 1849 en Guadalajara), «procónsul del Nordeste», como le denomina Krauze: «Si encuentra usted datos bastantes de probar en juicio que Madero no es extraño a lo que está pasando, asegúrelo y hágale conducir a Monterrey. Creo que éste es el motor de todo lo que pasa.»

Evaristo Madero se quedó en su sitio y no fue necesario llevarle a Monterrey, pero Bernardo Reyes, miembro de una familia de «a caballo», de corta estatura y de ilimitada osadía y apego a los ideales liberales, y Porfirio Díaz le pusieron en su lista negra. «Al afirmarse José Ives Limantour como mago de las finanzas porfirianas, estableció un vínculo natural con Madero que serviría a ambos para contrapesar la influencia de Reyes. Lo cierto es que al paso del tiempo el patriarca de los Madero se interesó cada vez menos en afectar la estabilidad del régimen de paz, orden y progreso que había permitido el progreso extraordinario de sus propias empresas.»

Francisco I. Madero

Francisco, el padre de Francisco I. Madero, dedica sus energías a las empresas económicas y se casa con Mercedes González Treviño, la más joven de dieciséis hijos de una «distinguida familia de Monterrey». El 30 de octubre de 1873 nació su hijo mayor en la hacienda El Rosario, de Parras, Coahuila, Francisco Ignacio Madero, según reza su fe de bautismo, pero él usará posteriormente el nombre de Indalecio tras estudiar con los jesuitas. Popularmente, para evitar confusiones, su nombre aparece así: Francisco I. Madero; trece de sus hermanos alcanzarán la madurez: entre los varones, Gustavo, Emilio, Alfonso, Raúl, Gabriel y Carlos.

Entonces Parras tenía unos siete mil habitantes. Sus primeras letras las aprende con «las virtuosas» señoras Albita Maynes y doña Chonita Cervantes. Estudia también con Manuel Cervantes, quien además le enseña música. Con doce años, Francisco va al colegio de jesuitas de San Juan, en Saltillo, y en sus *Memorias* admite que «me impresionaron fuertemente sus enseñanzas, al grado de que quería ingresar en la Compañía de Jesús, pues en aquella época llegué a estar convencido de que ese camino era el único que podría llevarme a la salvación eterna». Le hicieron conocer la religión «con colores sombríos e irracionales».

Hacia 1886, tras un breve periodo de estudios en el Saint-Mary's College, cerca de Baltimore, Estados Unidos (poco inglés aprende), hace un viaje a Europa. En Francia vive en casa de su tío Lorenzo González Treviño, hermano de su madre, y asiste al Liceo Versalles (posteriormente le cambiaron el nombre por Liceo Hoche), donde afirma que «más aprendí, pues estaba yo en posesión del idioma», y luego a la Escuela de Altos Estudios Comerciales, en la plaza Malesherbes. En la ciudad que Víctor

Hugo calificó como «el cerebro del mundo», y así lo recuerda Francisco I. Madero, estudió contabilidad, taquigrafía, economía, geografía, comercial y matemáticas en sus aplicaciones, «toda clase de operaciones financieras...», así como «estudios sobre mercancías, el modo de fabricar cuanto objeto manufacturado existe, los aparatos y máquinas más modernas que se emplean en los lugares en donde se encuentran las materias primas, los mercados para las manufacturas, los precios de costo y, en general, cuanto dato pueda interesar a una persona que desee establecer algún negocio industrial o mercantil».

El joven Francisco I. Madero está entusiasmado: «Mis impresiones del colegio durante los cinco años que estuve en Francia son de las más gratas.» Se siente más a gusto en esa república europea que en Estados Unidos: «nos sentimos como en nuestra casa [...], pues nuestro carácter congenia mucho más con el francés que con el anglosajón». Cree que en Francia son tan republicanos y profesan tal culto a la igualdad, «que en los colegios del Gobierno tratan sin ninguna distinción a los franceses y a los extranjeros, aunque éstos sean negros del África, turcos, chinos o de las partes más atrasadas del globo».

Varios miembros de la familia, que van a visitarle después de dos años sin verle, se trasladan a vivir a Versalles, en 1889, concretamente a la calle d'Angevillers 18 bis. Todos disfrutan con la Exposición Universal, que se celebra en la capital francesa. Viajan juntos por Bélgica, Holanda, Alemania, Polonia y España. Entre los amigos que conoce en su viaje europeo, destaca, entre otros, Juan Sánchez Azcona. Pero, al margen del descubrimiento de la educación francesa, el arte, los paisajes, las amistades y el gusto por volver al viejo continente, tiene dos debilidades: regresar cuanto antes a México, después de cinco años de ausencia, y el espiritismo, aspecto que tendrá gran repercusión en su vida.

El espiritismo de Madero

Como dice Francisco I. Madero en sus *Memorias*, lo más grande que se le revela en Europa es «el descubrimiento que más ha hecho por la trascendencia de mi vida»: el espiritismo. Esta doctrina, basada en la existencia, las manifestaciones y enseñanzas de los espíritus, había nacido a mediados del siglo en Nueva York, Estados Unidos, pero se propagaba «con vertiginosa rapidez por Francia» gracias a su adopción por quien a la postre sería su principal «profeta» y fundador, León Hipólito Denízard Rivail, mejor conocido por su seudónimo: Allan Kardec.

Allan Kardec escribió en 1857 el *Libro de los espíritus* (*Le livre des Esprits*) y se convirtió en un alto sacerdote. Francisco I. Madero, tras «devorar» sus libros, fue uno de sus más fieles seguidores. Hacia 1854 había más de tres millones de espiritistas «practicantes» en el mundo y decenas de miles de médiums en Europa y América. Francisco I. Madero era uno de ellos. Otros libros de Allan Kardec son *L'Évangile selon l'espiritisme, Livre des Mediums* (1864); funda la *Revue Spirite* y la Societé Parisienne d'Études Spirites.

Ya le habría gustado a este joven inquieto de Parras haber *eliminado* a sus futuros y múltiples enemigos usando sus poderes espiritistas, en caso de ser efectivos, pero este hombre bueno e ingenuo, durante su estancia en París, se da a la tarea de tocar la puerta de la Societé Parisienne d'Études Spirites, para comprar el libro de Allan Kardec.

> «Entre mis múltiples y variadas impresiones de aquella época —cuenta en sus Memorias—, el descubrimiento que más ha hecho trascendencia en mi vida fue el que el año de 1891 llegaran a mis manos, por casualidad, algunos números de la *Revúe Spirite,* de la cual mi papá era suscriptor y que se publicó en París desde que la fundó el inmortal Allan Kardec.»

> «En aquella época puedo decir que no tenía ninguna creencia religiosa y ningún credo filosófico, pues las creencias que alimenté en mi infancia y que tomaron cuerpo cuando estuve en el colegio de San Juan (en Saltillo) se habían desvanecido por completo. Creo que si no hubiera ido a ese colegio, donde me hicieron conocer la religión bajo colores tan sombríos e irracionales, las inocentes creencias

que mi madre me inculcó en mi tierna infancia hubieran perdurado por mucho tiempo.»

Pero Madero no sólo leyó todos los números y libros que pudo, sino que «los devoré, pues sus doctrinas tan racionales, tan bellas, tan nuevas, me sedujeron y desde entonces me consideré espiritista».

«Sin embargo, a pesar de que mi razón había admitido esa doctrina y la había aceptado francamente, no influyó, desde luego, en modificar mi carácter y mis costumbres. La semilla estaba puesta en el surco y, aunque desde luego germinó por haber caído en tierra fértil, no por eso fructificó de la doctrina espiritista, no comprendí desde luego su alcance moral y práctico. El triunfo, las vicisitudes, las consecuencias de mis actos, apreciados a la luz de mis nuevos conocimientos, me harían meditar profundamente y comprender con claridad las enseñanzas morales de la doctrina eespiritista».

Médium escribiente

Él se consideró, por tanto, un «médium escribiente» y de la teoría pasa a la práctica. Son arduas sus experimentaciones, incluso con su tío Manuel Madero, como conejillo de indias, al aprovechar que está enfermo de una «fiebre gástrica»; fue cuando «se me ocurrió renovar mis tentativas con verdadera constancia y a los muy pocos experimentos empecé a sentir que una fuerza ajena a mi voluntad movía mi mano con gran rapidez. Como sabía de qué se trataba, no solamente no me alarmé, sino que me sentí vivamente satisfecho y muy animado para proseguir mis experimentos. A los pocos días escribí con una letra grande y temblorosa: "Ama a Dios sobre todas las cosas y a tu prójimo como a ti mismo." Esta sentencia me causó gran impresión y, siendo contraria a lo que yo esperaba, me hizo comprender que las comunicaciones de ultratumba nos venían a hablar de asuntos trascendentales... Al día siguiente volví a escribir lo mismo, así como al tercero. Para entonces ya escribí un poco más, recomendándome el Ser Invisible, que orara...».

A pesar de lo inquietante y la curiosidad por desentrañar fenómenos inexplicables, como sillas que se comunican cifradamente, teteras que andan o cuadros animados, a Madero le incita la búsqueda moral de un vínculo entre el espíritu y los evangelios cristianos. «Fuera de la caridad no hay salvación», había escrito Kardec. Su fiel discípulo mexicano solía resumir, por su parte, de modo parecido el fondo moral de la filosofía espiritista: «Para mí no cabe duda de que la transformación moral que he sufrido se la debo a la mediumnimidad».

Los espiritista de París le introdujeron en el estudio de las religiones orientales. Los resultados fueron un estudio del *Bagavat-jita* (poema religioso-filosófico hindú, obra del brahmán Jñanesvar. El nombre en sánscrito significa «Canción a la majestad de Dios»), los diálogos que contienen las básicas enseñanzas de la creencia religiosa hindú. Stanley R. Ross apunta que esta doctrina (desprecio de lo material «y confirmando lo espiritual como la última verdad») debe haber sido atractiva «para el altruista Madero», para adaptarla «en beneficio» del pueblo mexicano. «A diferencia de Ghandi, Madero atendía más a la letra que al fondo en el estudio de esa doctrina. Sus comentarios sobre los clásicos hindúes revelan no solamente la naturaleza de su nueva creencia, sino también la dirección en que lo llevaría hasta el final.»

De Europa Madero viaja a California, para seguir sus estudios, después de unos meses en México, en la hacienda de El Rosario, donde se divierte con sus deportes favoritos: la natación, el baile y montar a caballo. Estudia un año en la Universidad de Berkeley (sus hermanas se inscriben en un colegio católico), progresa con el inglés y las técnicas agrícolas, pensando siempre en el futuro que le esperaba en su país, «pero su aprendizaje fundamental ocurrió, de nueva cuenta, en el ámbito de lo moral y espiritual». Krauze lo resume en el siguiente párrafo: «A la sazón, en Berkeley se abría paso la "escuela progresista" que buscaba aplicar los principios de la moralidad cristiana a los problemas sociales. No muy lejos, en Stanford, existía una iglesia para todos los credos. Mientras que Anny Bessant revelaba entonces los misterios de la teosofía, los anarquistas de la

IWW propugnaban activa y violentamente, un mundo sin opresión ni desigualdad activa y violentamente un mundo sin opresión ni desigualdad. A sus veinte años, Madero no fue indiferente a esta conjunción de espiritualidad y moral pública. Vagamente coincidía con sus revelaciones parisienses.»

De administrador de bienes al camino de la caridad

Al final regresa de California a México convertido en un administrador, en cuyas tareas poco tenía que ver el espíritu. En 1893 se encarga de la hacienda de la familia en San Pedro de las Colonias. Pero nuevamente la voz de la distancia y la fascinación de la lejanía llamó a su puerta. Dice José Natividad Rosales que Madero no podía entregarse del todo al comercio y a la producción de bienes. «Rico, fácilmente se daba a la disipación de dinero y energías, sin muchos arrepentimientos morales, ni cristianos ni de ningún tipo. Pero, dotado de una gran conciencia, se daba cuenta de que su vida se iba yendo por la rampa fácil de lo placentero. Dejó de beber y se hizo vegetariano.»

La paradoja del México prerrevolucionario era evidente, porque los elementos que habían sido fuente de dificultad antes de la llegada del presidente Díaz al poder, se transformaron en sostenedores del régimen «y contribuyeron a la paz de la nación: los caciques locales, el ejército, los partidos conservador y liberal y la Iglesia», a los que se suman los capitalistas extranjeros, «estimulados y generosamente ayudados», apunta Stanley Ross, entre la oligarquía financiera y mercantil, «asociados a la continuación de la dictadura, como mejor garantía de sus privilegios, riqueza y poder». La oportunidad también atrajo a los intelectuales, a los que no se podía haber agregado Francisco I. Madero, en virtud de su poca experiencia, su juventud, y porque estaba en plena formación intelectual, entusiasmado con sus experiencias espiritistas y abocado a las tareas administrativas del patrimonio familiar. A su abuelo Evaristo le informa, en 1899, de sus proyectos: una compañía jabonera, una fábrica de hielo, un despepitador, compra de acciones, atención de terrenos en Cuatro Ciénagas, arreglo de aguajes y cercas en Sierra

Mojada para criar ganado cabrío. Promueve también un observatorio meteorológico cerca de la laguna de Mayrán y escribe luego un informe sobre el aprovechamiento de las aguas del río Nazas, «que le valdría la felicitación del mismísimo Porfirio Díaz. Su capital personal, para entonces, llegaba a la respetable suma de medio millón de pesos».

Madero era un ser privilegiado entre tanta miseria. Se movía entre un pueblo que «había aprendido el hábito de la obediencia», pero que aún le faltaba «la otra lección fundamental de la civilización: ser consciente de sus propios derechos políticos». El pueblo tenía cerrado el camino de la justicia, la seguridad y la posibilidad de acceder a nuevas oportunidades para progresar. Justo Sierra decía entonces que el estado de la educación pública daba vergüenza y, fuera de la capital mexicana y de importantes ciudades de provincia, «las facilidades eran prácticamente nulas». En 1895, el 86 por 100 de la población no sabía leer ni escribir «y hacia el fin del gobierno de Díaz, cuatro de cada cinco personas eran todavía analfabetos», asegura Justo Sierra, citado por Stanley R. Ross en *Francisco I. Madero, apóstol de la democracia mexicana*. El emprendedor Madero, no sólo hablaba el castellano, sino además inglés y francés, y en los últimos años había aprendido también homeopatía, gracias a su padre y tío Catarino Benavides, así como al coronel Carlos Herrera, «que le encargó un botiquín a mi papá». Esta experiencia en el campo homeopático, atendiendo a sus peones de algunas enfermedades, le granjeó el cariño de la gente, porque «en la ciudad era de verse cómo le asediaban los enfermos menesterosos, a quienes proporcionaba alivio de dolor, consuelo de las penas y recursos pecuniarios». Madero, por tanto, seguía el camino de la caridad para procurar consuelo a los necesitados y por esa vía no sólo va a encontrar a su futura esposa, la llamada a la reconfirmación de su postura espiritista, sino el de su futura vocación política, hasta convertirse en el «apóstol» de la democracia en su país.

El espíritu de su hermano Raúl

Escribe Krauze que en su propia casa de San Pedro, donde vivía «con austeridad franciscana», Madero alimentaba a cerca de sesenta jóvenes. «Allí fundó una especie de albergue en que ofrecía cama y comida a gente pobre. Sus trabajadores vivían en casas higiénicas, gozaban de altos salarios y eran examinados médicamente con regularidad. Junto a Sara Pérez, con quien se casaría en enero de 1903, Madero sostenía a huérfanos, becaría a estudiantes, crearía escuelas elementales y comerciales, instituciones de caridad, hospitales y comedores populares.» Más adelante, cuando lo creyó necesario, contribuiría económicamente a los opositores al régimen, encabezados por los hermanos Ricardo y Enrique Flores Magón. Y mientras daba aliento de día, de noche seguía en sus experimentos espiritistas, hasta que un buen día, como ocurre en muchas ocasiones en cualquier campo de la vida, Madero sintió en 1901 que había sido tocado por el «espíritu» de su hermano Raúl, muerto en 1887, cuando sólo tenía cuatro años. Francisco I. Madero tenía catorce años. Ese cambio fue decisivo en su vida. En sus *Memorias*, Madero recuerda aquella tragedia familiar:

> «Estábamos en el colegio cuando recibimos la noticia de que había muerto un hermano nuestro, a quien queríamos muchísimo debido a su precoz inteligencia y a los nobles sentimientos que revelaba. Su muerte fue verdaderamente trágica, pues con el carrizo que él tenía hizo que se desprendiera la lámpara de petróleo que estaba pendiente de una pared, y al caer sobre él lo bañó el líquido combustible que se inflamó con la mecha. Raulito (así se llamaba aquel querido hermano) sólo sobrevivió cuarenta y siete horas y murió en medio de grandes sufrimientos; pero con una calma y una serenidad que revelaban la grandeza de su alma. En nuestra familia recordamos con ternura algunas de las últimas palabras que pronunció antes de morir: "Ya no vuelvo a ir a la cocina, mamacita, porque precisamente cerca de aquel lugar he encontrado la muerte." Ese hermano querido, al abandonar este mundo, no por eso nos abandonó, y desde su mansión etérea sigue nuestros pasos con solícito

31

cariño, desempeñando con sus hermanos de la tierra el dulce papel de espíritu protector, o sea lo que se llama en términos más poéticos: "Ángel guardián".»

Francisco I. Madero, por tanto, empieza a sentir el «espíritu de su hermano Raúl», que se convierte en su fraternal amigo y cómplice, circunstancias en las que poco pueden hacer quienes han escrito sobre la vida de Madero. En todo caso, como señala Krauze, «se trata del andamiaje de creencias que Madero desarrolló sobre sí mismo y que ahormó su vida, independientemente de su origen astral o psicológico». El gobierno de México estará pronto en las manos de este hombre espiritista. Es un hecho incuestionable.

José Natividad Rosales escribe que Madero fue «médium escribiente», que es la más sencilla pero también la más difícil de las mediumnidades. «En este caso no se necesita concurrencia, ya que el contacto con el espíritu es cerebral y escribe todo aquello que tiene como mensaje. Este tipo de médium es distinto al fenómeno espiritista de la telequinesia, cuando un lápiz, actuando por sí solo, escribe sin ayuda humana en un papel, directamente accionado por el espíritu, cuyo brazo no se ve.»

En efecto, desde mayo de 1901, a los veintiocho años, Francisco I. Madero comenzó a hacer apuntes de todo lo que los espíritus le dictaban. Tenía uno (Raúl), «guía» al que obedecía, ya que él mismo tenía afán moralista. Madero, disponiendo «de muchos recursos, no tenía una moral estricta. Pero la edad de la responsabilidad le había llegado, y su amplio paternalismo mental le hizo comprender que debería ayudar a sus "hermanos", es decir, a la humanidad. Y así fue como comenzó la gran relación espiritista del apóstol que le llevó, desde lo inmoral a lo moral, de la caridad a la política y de ésta a la acción, hasta culminar en el proceso llamado Revolución Mexicana.»

Con el «espíritu de su hermano Raúl» a su lado, Madero organiza un círculo espiritista con parientes y amigos y, según sus testimonios, acuden también «las almas de amigos desdichados, de tías muertas hacía años y aun de liberales legendarios recién fallecidos, como el general Mariano Escobedo». Son arduas sesiones nada excepcionales en San Pedro de las Colonias, entre la vastedad impresionante de Coahuila, donde la «tierra de sombras y desiertos en la que el paisaje tiene en sí mismo cualidades animistas» y el pueblo llano participa con el «saurianismo —de zahorí— con su cauda de taumaturgia, miedos y visiones», igual que lo hacen las «clases elevadas» de raíz criolla y católica, «pero por siglos alejadas geográficamente y culturalmente del centro religioso del país», para abandonarse «a las nuevas vivencias místicas más acordes con la soledad física y social que les rodeaba».

Si el norte y el «norte lejano» se habían perdido por falta de atención adecuada en el momento oportuno, para detener a los belicosos y expansionistas calvinistas del sur, también el norte podía perderse entre sesiones espiritistas o vivencias místicas extrañas e incomprensibles, alejados de la influencia del centro religioso (católico) del país. Pues bien, en el caso de Madero, su hermano Raúl, es decir el «espíritu de Raúl», le inculca «hábitos extremos de disciplina, abnegación y pureza»; quiere ayudarle a «dominar la materia» en favor de las «cuestiones del espíritu». Como se ha dicho, Madero deja los malos hábitos, deja de fumar, destruye sus bodegas de vino y se vuelve vegetariano. Pero se le exige aún más, que sea más participativo: «Sólo practicando la caridad en la más amplia acepción de la palabra podrás tener en este mundo tu única felicidad», escribe, a través suyo, el «espíritu de Raúl».

«Raúl» es la corriente de transmisión y Madero se apropia de sus propuestas: Viene el espíritu de Florencio Lira: «Yo estuve unos cuantos días después de que abandoné mi cuerpo bajo la influencia de la materia, lo que nos hace estar en una turbación difícil de explicar [...]. Aquí no hay ni ricos ni pobres. No hay superiores déspotas, porque la verdadera superioridad está en ser generoso, en amar al prójimo como a sí mismo y en amar y perdonar a sus semejantes y a sus enemigos, a ser modestos y humildes. Lo único que me preocupa en mi nueva morada es la muerte de mi familia que he dejado sola. Pero espero que tú tendrás cuidado con ella, pues es tu obligación hacer eso» (Florencio Lira).

Ahora comienza la caridad y «Raúl» aconseja «socorrer» a los demás: «Procuren estudiar el modo de socorrer a algunas personas que lo necesiten. El sistema que has pensado me parece bien. No es justo que tanta gente sufra los tormentos del hambre y el frío, cuando tú puedes y debes evitarlo.»

«Raúl» le da consejos a Madero sobre su soltería: «La tercera cosa que quiero decirte es que te levantes siempre un poco más temprano, para que con tu ejemplo acciones a todos y les hagas sentir menos su condición de subalternos.» «En tu caso —sigue "Raúl"— si llegas a quedarte soltero, será un castigo de tus faltas anteriores, pero con la ayuda de la mediumnidad podrás adelantar mucho (y) podrás hacer mucho bien a los pobres, curados con la homeopatía o con el magnetismo que puedes llegar a desarrollar de un modo sorprendente.»

El «espíritu de Raúl» se expresa en relación a la riqueza: «Ustedes comprenden demasiado bien lo que Dios quiso decir cuando dijo al hombre: "¡Ayúdate, que yo te ayudaré!" Quiso decir con eso que ustedes deben hacer un constante esfuerzo para dominarse y que sólo de ese modo pueden contar con su ayuda [...]. Hagan pues, desde ahora, su plan a fin de que inventen trabajos en la hacienda, a fin de que den quehacer a tanto infeliz. Piensen que ya están prevenidos y que, si no lo hacen, tendrán la misma responsabilidad que si les fueran a robar un pan de la boca a aquellos infelices.»

El «espíritu de su hermano Raúl» no para y no le deja ni a sol ni a sombra. Le dice que, si va a Monterrey, procure dejar a sus pobres con «lo necesario», pues mientras él se pasea y divierte, éstos «infelices» pueden «sufrir» los «horrores del hambre». Madero recibe la influencia de su hermano muerto, y le conmina a hacer «el bien a tus ciudadanos», a fin de que eleve «el nivel moral de la sociedad, que venga a sacarla de la opresión, de la esclavitud y el fanatismo».

En ese plan, cada vez más ligado al compromiso político, Madero, sin abandonar el entorno espiritista en el que se desenvuelve, empieza a darse cuenta de la realidad social que le rodea. Puede compaginar hasta este momento las dos actividades, escribe artículos con un seudónimo, su *alter ego*, el dubitativo príncipe del *Baghavad Gita*, a quien el dios Krishna (el dios de la paz y de la salvación) revela los secretos de su vida al guerrero: Arjuna. Pero Arjuna, antes de entrar en combate contra enemigos a quien no odia, pregunta a Krishna por qué debe luchar cuando no abriga tal sentimiento. Krishna le dice que huir llevaría a sus enemigos a tacharlo de cobardía. «Si él muere, gozará de la divinidad; si triunfa, el mundo será suyo. No hay nada mejor que una honrada batalla.»

Y Francisco I. Madero está dispuesto a darla.

Capítulo III

POLÍTICA CIVILIZADORA

F RANCISCO I. Madero se va preparando para entrar en combate sin que sepa exactamente cómo ni cuándo. En cambio el presidente Porfirio Díaz sabe qué hacer y mantiene una extraña vitalidad a pesar de sus años y reprime cualquier atisbo de oposición, medianamente digna, sea organizada o no. Los valientes que se le rebelan van a parar a la cárcel de Belem, en la capital, o a los fríos muros de la prisión militar de San Juan de Ulúa, en Veracruz. Para los «individuos más tenaces» el régimen se reservaba la colonia penal de Quintana Roo, «el territorio más mortífero de la nación», en palabras de Stanley R. Ross. Los trabajos forzados de los indios yaquis y mayos desterrados a Yucatán, para trabajar en las plantaciones de henequén, o a los valles de Oaxaca, en los campos de tabaco, era uno de los peores castigos, que no auguraban una vuelta al hogar de donde habían sido arrancados. Era prácticamente el destierro en su propia tierra y «las personas destinadas a servir cargos allá, así como los sentenciados, raramente regresaban». Y a los que peor les iba pasaban a engrosar la lista de «fusilados mientras trataban de escapar», mejor conocida como *ley fuga*.

La opinión de Díaz sobre los «indios salvajes», como rémora del progreso de México, ya la conocemos. Y algunos miembros de las campañas «civilizadoras» del porfirismo fueron, entre otros, el «procónsul» del norte, Bernardo Reyes, que en una época «le elevaron en su imagen pública y en la de su admirado don Porfirio». El 2 de abril de 1903 el gobernador de Nuevo León, Bernardo Reyes, reprime con violencia una manifestación opositora que impresiona al joven Francisco I. Madero, que por su familia conoce la historia de «las imposiciones políticas» de Porfirio Díaz, sobre todo en el estado de Coahuila.

Victoriano Huerta y Aureliano Blanquet son también «amantes» de los «ritos civilizatorios». Allá por 1901, entonces de gira en una «imposible misión» para apaciguar el estado de Sinaloa y dominar a «bandoleros sublevados» en Mochitlán y Mazatlán, le escribe a Bernardo Reyes que atrapó a «treinta y tantos... que venían en la noche a sus casas... que ordenó que los muy culpables fueran castigados... (y que) ahora han aparecido dos cadáveres en el campo donde recibieron nuestro fuego los rebeldes». Conocida también fue la «pacificación» modernizadora de Yucatán, contra los indios mayas. Escribe Fernando Benítez que la hacienda, en 1908, era un monstruo que devoraba hombres y tierras. «Apoyada en sus propios guardias, en las fuerzas políticas y armadas del régimen, ningún peón era libre siquiera de elegir un nuevo dueño...». Y hablando del mismo asunto, el periodista norteamericano John Kenneth Turner asegura que «basta con que tomen algún dinero, que se adeuden, y ahí está el hombre atado de pies y manos, a disposición del hacendado».

Los cauces políticos estaban bloqueados en detrimento de un exceso de administración que se dedicaba a enriquecer a muy pocos y a fortalecer el desarrollo económico e industrial del país sin que se beneficiara la mayoría de la población. La paz porfirista tenía un alto costo en vidas humanas y en el «hábito de la obediencia» entre los mexicanos, pero sobre todo en las zonas rurales, donde vivía la mayoría de la población del país. Fuera de las zonas urbanas, el resto de México permanecía al margen de los beneficios del sistema, estaba aislado no sólo por la geografía, sino culturalmente. Así se propició el feudalismo agrario, con el indio como el último elemento de la cadena productiva, sujeta de por vida al destino del patrón y amo. Ya se ha dicho que Porfirio Díaz reforzó las leyes de la Reforma contra las comunidades indígenas, acompañadas a su vez con otras leyes de colonización que les perjudicó, propiciando los grandes latifundios.

En cambio, en el sistema «científico» del porfirismo la ley era extremadamente cruel para el mexicano pobre y extremadamente benigna para el extranjero. Sin exageraciones, como apunta Benítez, «el extranjero vivía en un verdadero paraíso». «Puede decirse —escribe Luis Cabrera— que, en materia de protección a la persona y a los intereses de los extranjeros, no solamente no contaban con que las leyes concedían (mientras esas leyes nunca se cumplieron para los mexicanos), sino que tenían además la protección del favor y del servilismo oficial y, como última instancia, la protección diplomática que por supuesto raras veces se hacía sentir en forma oficial, porque ya antes se había dado al extranjero mucho más de lo que era suyo».

No obstante, se guardan las formas, pero el Estado porfirista era consciente de que el extranjero, sobre todo el inversionista norteamericano, «constituía un gran peligro, pero al mismo tiempo no veía otro camino para salir del atraso y la miseria que recurrir a su tecnología». Ante el dilema de enfrentársele y perecer o hacerse su amigo y su socio, como dice Benítez, «optó por la segunda opción y se subió para seguir la imagen de Justo Sierra a la formidable locomotora yanqui, partiendo rumbo al porvenir».

Entendimiento liberal

La expansión norteamericana era un hecho a finales del siglo XIX y México pudo lograr que la frontera norte, a pesar de las apetencias de ciertos sectores norteamericanos por absorber las tierras del norte, se consolidara. Como dice Lorenzo Meyer y Josefina Zoraida, la península de la Baja California y el noroeste mexicano, con sus grandes recursos mineros y ganaderos, «continuaron siendo un espejismo constante de muchos norteamericanos; y no sólo de capitalistas, sino también de utopistas, socialistas y anarquistas».

El gobierno de Washington opta por la «penetración pacífica» en México y Porfirio Díaz la certifica, denuncia en 1880 por inoperante el Tratado de 1831 y, a costa de salir poco airoso con un tratado equilibrado, como debía esperarse, se cerró uno con la convicción de que, al margen del mismo, importaba «la convicción liberal de que sólo la colonización, la construcción de ferrocarriles y la inversión extranjera conducirían al país hacia el progreso».

«El esquema no era nuevo; Juárez, Lerdo y el propio Díaz habían hecho grandes concesiones y Matías Romero había aprovechado su polémica con Foster para hacer publicidad para el país como campo propicio para la inversión extranjera», escriben Meyer y Zoraida. Los liberales del porfirismo removieron, por tanto, los obstáculos a las importaciones de capital, incluso «la desconfianza hacia Estados Unidos». Las puertas de México se abrieron y el terreno más próximo a Estados Unidos, el norte de México, se convirtió en una típica región vinculada a aquel país. Al margen de la gran hacienda del norte de México, propia (mexicana: Luis Terranzas, Enrique Creel) y extraña (norteamericana: Guggenheim, Hearst, J. P. Morgan), se multiplicaron pequeñas y medianas propiedades, y aun dentro de ellas —subraya Benítez— funcionaba una multitud de pueblos donde prevalecían medieros, ganaderos, comerciantes y artesanos; a su vez, crece la conciencia de los trabajadores de las zonas mineras; por tanto, «en millares de pueblos de adobe y de madera, en las cercanías de las fundidoras y de los aserraderos, en los ricos campos cultivados, se incubaba un sentimiento revolucionario que sólo esperaba una oportunidad para manifestarse», escribe Fernando Benítez. No sería casual, en efecto, que la revolución se iniciara en Chihuahua y en Sonora y que fueran los hombres del norte los llamados a gobernar el país y a imponerle sus leyes y su estilo, empezando por Francisco I. Madero y su familia, porque, como le informa Miguel Cárdenas al presidente Porfirio Díaz en 1905, en vistas a su tercera reelección como gobernador de Coahuila, «siguen gastando dinero en algunas maniobras políticas.

No juzgo remoto que el señor Madero, animado por la pasión política que le ha acometido y por los recursos pecuniarios con que cuenta, pueda promover algunas dificultades y llegar hasta el escándalo».

Al parecer, mientras unos usan sus recursos económicos para «algunas maniobras políticas», otros se dedican además al comercio con los Estados Unidos, empeñados en comprar productos agrícolas y llevárselos en sus ferrocarriles. El viaje hacia el porvenir «no resultó muy placentero», como dice Benítez, porque el que controla la máquina, ocupa el comedor, los coches dormitorios y cobra el pasaje es el norteamericano; los mexicanos se conforman con los carros de segunda y el resto del banquete. ¿Querían luz? ¿Querían ferrocarriles? ¿Querían puertos? ¿Querían industrias, pozos petroleros, refinerías? ¿Querían acrecentar el comercio? Todo eso lo tendrían «a condición de que fueran ellos los propietarios y los gerentes de los nuevos medios de producción». Así pues, una cosa era progreso económico, y otra muy distinta, desarrollo económico.

Incipiente problema sobre la sucesión del presidente Díaz

En 1904 el presidente de la República da cuentas del «progreso incuestionable» de México, destacando las buenas relaciones con sus díscolos vecinos del norte. Tenía setenta y cuatro años, pero no conseguía «crear» los canales adecuados «para una transmisión pacífica del poder. El mando que tan bien había manejado parecía pasar a otras manos y a otras zonas de influencia, sobre todo al grupo informal creado con anterioridad por el ministro de Gobernación —y suegro de Díaz—, Manuel Romero Rubio, conocido como el de los «científicos». En este conglomerado estaban algunos gobernadores y miembros de la Administración, que reconocía como líder al ministro de Hacienda, José Ives Limantour. El contrapeso en el entorno del poder, alentado por el propio presidente del país, era el general Bernardo Reyes, ministro de la Guerra, el peor parado, sin embargo, porque en aquel momento el interés general estaba dominado por la economía. Y además, como subrayan Meyer y Zoraida, «al final de cuentas, este conflicto no resolvería el problema de la sucesión y en cambio dividiría irreparablemente al grupo dominante».

Como lo expresó Francisco Bulnes en *El verdadero Díaz y la revolución*, la cuestión no era si Díaz era o no un dictador, puesto que los mexicanos nunca habían tenido en el pasado libertad ni democracia, sino si era un dictador bueno o malo. Pero con los años y la edad del presidente se empieza a plantear el problema de la sucesión. Y los «científicos» decidieron que el medio más efectivo de garantizar «la continuación del sistema económico desarrollado era controlar el Gobierno todo lo posible mientras viviera Díaz y absolutamente después de su muerte», escribe Charles C. Cumberland.

«Contemplados en la década de 1890 y en los primeros años del siglo XX como la esperanza de un México regenerado, los científicos llegaron a ser temidos y odiados, aun por quienes habían sido sus ardientes defensores.» Uno de ellos fue Manuel Calero, que consideró que la dictadura era el resultado natural de la incapacidad del pueblo mexicano de gobernarse a sí mismo, y que la forma de gobierno debería ser tal que protegiera a la nación de los peligros de la acción política de las masas analfabetas. Al final, según se acrecentó su influencia y poder, entre otros de Limantour, para 1909 defendían «abiertamente una continuación de la dictadura como forma permanente de gobierno», según la referencia que toma Cumberland de Federico González Garza.

La época dorada de 1870 a 1910 es evidente para las inversiones extranjeras y se pasa del «liberalismo jacobino» al «positivismo»; cambia la «evolución política» por la «evolución económica»; la industria por el campo, y en detrimento de la libertad (la dictadura), la paz, el orden y el progreso.

Limantour y los demás científicos, por tanto, a partir de 1901 «dedicaron buena parte de su esfuerzo a un intento de asegurar que su propio control fuera absoluto a la muerte de Díaz. Lucharon por la elección de Ramón Corral para la vicepresidencia en 1904 y para mantenerlo en ese cargo en 1910...».

El presidente Díaz, sin embargo, no parece tener un cambio de actitud sobre el futuro, ni hace falta. Los halagos que recibe sintonizan perfectamente con sus propios deseos de perpetuarse, aunque ya se empiezan a escuchar, en el ámbito privado, algunas quejas «heréticas». Justo Sierra le escribe al presidente de la República, en los últimos días de 1899, lo siguiente:

«La reelección significa hoy la presidencia vitalicia, es decir, la monarquía electiva con un disfraz republicano. Yo no me asusto por nombres, yo veo los hechos y las cosas; he aquí lo que con este motivo se me ocurre. La reelección indefinida tiene inconvenientes supremos; del orden interior unos y del exterior otros; todos íntimamente conexos. Significa bajo el primer aspecto que no hay modo posible de conjurar el riesgo de declararnos impotentes para eliminar una crisis que puede significar retrocesos, anarquía y cosecha final de humillaciones internacionales si usted llegase a faltar, de los que nos preserven los hados que, por desgracia, no tienen nunca en cuenta los deseos de los hombres.

Y si se objeta que no es probable que no podamos sobreponernos a esa crisis por los elementos de estabilidad que el país se ha asimilado, entonces ¿cómo nos reconocemos impedidos para dominar la que resultaría de la no reelección? Significa, además, que es un sueño irrealizable la preparación del porvenir político bajo los auspicios de usted y aprovechando sus inmejorables condiciones actuales de fuerzas física y moral (preparación que todos desean, hasta los más íntimos amigos de usted, aunque digan lo contrario). En cuanto a lo que atañe al exterior, ésta es a mi juicio la impresión indefectible de los hombres de Estado y de negocios en los Estados Unidos, en Inglaterra, en Alemania, en Francia... En la República Mexicana no hay instituciones, hay un hombre; de su vida depende paz, trabajo productivo y crédito.»

Y es en esta línea exterior en donde más le duele al presidente. Estados Unidos, volcado en todos los terrenos en México, no teme tanto al nacionalismo económico de su vecino del sur, sino al problema de la sucesión del viejo dictador y a la estabilidad del régimen donde tiene sus prósperos negocios. Por ejemplo, al principiar el siglo XX, los Estados Unidos seguían invirtiendo activamente en México y al finalizar el primer decenio del siglo, ese mercado absorbía el 76 por 100 de las exportaciones totales mexicanas, básicamente de metales. México, a su vez, adquiría más de la mitad de todas sus importaciones en Estados Unidos. Esta situación no era sólo por motivos vecinales, sino porque «sus actividades de exportación estaban controladas, en gran medida, por el capital norteamericano». Y en cuanto a las inversiones directas de capital norteamericano en México, Meyer y Zoraida aseguran que de más de 500 millones de dólares en 1902 se pasó a más de 600 millones en 1911. «Esto significa que en 1911 los inversionistas norteamericanos controlaban el 38 por 100 de la inversión foránea total en México. El 41,3 por 100 del capital estadounidense se encontraba en ferrocarriles; el 38,6 por 100 en minas y metalurgia, y el 20 por 100 restante estaba en bienes raíces, bonos de la deuda pública, petróleo, bancos y seguros.»

El problema crece cuando a los temas económicos se añade el político, como ocurre con la mítica huelga minera de Cananea (Sonora). Un autor del que se hace eco Jesús Silva Herzog, contabiliza 250 huelgas durante el porfirismo, principalmente en los ferrocarriles, la industria tabaquera y la de hilados y tejidos de lana y algodón. Pero es la de Cananea (junio de 1906) y después la de Río Blanco (1907) las que abren las puertas a la revolución encabezada por Madero. Los huelguistas de Cananea son los primeros obreros mexicanos que reclaman la jornada de ocho horas de trabajo, «dentro de marcos humanos, las necesidades del trabajador y de su familia». Con posterioridad, a finales del siglo XX, el historiador Rafael Ruiz Harrell pone en duda que la huelga de Cananea fuera una acción revolucionaria, sino que todo ha sido «un mito» (Proceso número 671, del 11 de septiembre de 1989, y 674 del 2 de octubre de 1989). En todo caso, nadie pone en duda la dura represión de los 275 *rangers* norteamericanos de Arizona que cruzaron la frontera, encabezados por el coronel Thomas Rinning, para sofocar la rebelión, a petición del «acobardado» gobernador del estado, Rafael

Izábal. La mina era propiedad del norteamericano William C. Greene, al adquirirla en 1881 por 350.000 pesos. Washington ofreció a Díaz «su auxilio militar», pero éste lo rechazó «cortés pero firmemente, a la vez que ordenó a las fuerzas federales restaurar el orden».

En México, por tanto, existían las condiciones para salir corriendo a tomar las armas, porque, como apuntaba en vísperas de la lucha abierta Francisco Bulnes, «toda clase social famélica sujeta su moral, su libertad y toda su acción a salvarse del hambre...».

Esta lucha palaciega entre los grupos de Bernardo Reyes y Limantour coincide con los primeros pasos en la organización de una oposición externa al régimen, en la que están unidos importantes miembros de la clase media ascendente que ha crecido a la sombra del progreso económico, imposibilitados de un mayor desarrollo y modernización, exigido por el país. La llamada de los grupos antiporfiristas y antirreleccionistas, radicales o moderados, encuentra eco precisamente entre los pequeños propietarios, profesiones liberales (periodistas, abogados, médicos, maestros, ingenieros, comerciantes), «o francamente conservadores, como el movimiento para llevar a la presidencia al general Bernando Reyes».

En 1903, Francisco Bulnes dice que «la paz está en las calles, en los caminos, en la diplomacia. Pero no existe en las conciencias... ¡La nación quiere partidos políticos, quiere instituciones, quiere leyes eficaces, quiere lucha de ideas, intereses, pasiones... El país quiere [...] que el sucesor del general Díaz se llame... ¡la ley!».

La paz, sin embargo, es ficticia, como lo demuestran los hechos. Por ahí andaba, entre otros, un no tan desconocido ciudadano nacido en Parras, Coahuila, al que, como llega a describir más tarde Manuel Márquez Sterling, embajador de Cuba en México, «maestros de ultratumba le hablan de redención».

«En la sociedad de sombras que él frecuenta, ha tropezado un abismo a través del cual se ligan las almas; quiere leyes de lo invisible que agranden su concepto del bien y regulen el deber a la gloria, y se sumerge en los destellos de la nueva fe y explica, por la invasión de sublimes ideales, el arte, la clarividencia del genio, la comunión del amor en lo sobrenatural e infinito.» En 1904, Francisco I. Madero está a punto de dar el gran paso a la actividad política.

Capítulo IV

— El chiflado Francisco I. Madero —

LA OPOSICIÓN

La cuenta atrás ha empezado con los movimientos opositores al régimen del presidente Porfirio Díaz. Francisco I. Madero es uno de esos «chiflados» que se involucran en política, en detrimento de su propia actividad económica y comercial. Los afanes de la industria y los prodigios de la agricultura no le llenaban ahora el alma ni tampoco el medio millón de pesos que había ahorrado le satisfacían su ambición, empeñado en considerar como pasajeros y efímeros los bienes terrenales. Le satisfacía la filosofía y la intangible lucha política.

No tenía, como señala Daniel Moreno, preparación suficiente para inventar una doctrina ni adquirió una ilustración literaria sólida, «ni era dado a profundizar en el análisis de sus propias observaciones», pero en cambio le sobraba «fantasía» para asimilar «con lujo de detalles la lectura» y se entregaba, en cambio, con buena fe y con ímpetus de propagandista y de profeta, a la senda que sus autores favoritos «le marcaran en las noches quietas y lánguidas de sus campos de algodón». De pronto, en 1906 se le encuentra como delegado por el Centro de Estudios Psicológicos de San Pedro de las Colonias en el Primer Congreso Nacional Espiritista, pide la palabra y talla «una sín-

47

tesis de su moral, en la Tierra, para el progreso de las almas, ascendiendo a la perfección, de mundo en mundo, camino de la dicha».

Dos años antes se mete en la lucha política electoral en Coahuila, aunque sus inquietudes políticas empezaran a moldearse en 1900. Alfonso Taracena describe lo siguiente sobre aquellos hechos: «También el porvenir de Coahuila era sombrío con la perspectiva del gobierno del licenciado (Frumencio) Fuentes, y Madero y sus amigos resolvieron fundar el Club Democrático "Benito Juárez" que se opusiera al triunfo de dicho señor...». El mismo grupo edita un periódico, *El Demócrata*, en el que aparece un artículo de Madero, titulado «Vox populi, Vox Dei». Con valentía, el diario hablaba de los derechos humanos, del voto, de libertades. La repercusión es evidente en el estado. «En ese periódico hice mi aprendizaje de escritor político», afirma Madero en sus *Memorias*. Madero se considera a sí mismo un «hombre independiente».

Su línea es clara: Madero escribe a los hacendados y a los «hombres más descollantes», denuncia la avidez de los políticos y el abandono que se tiene del pueblo. Como no pueden ganar en las circunstancias en que se desarrolla el devenir de México en el sistema porfirista, pierden en septiembre de 1905 por medio de la «chicana y el fraude» de turno. Gana el candidato oficial porque, además de persecuciones, entre otras cosas, al gallo Fuentes «le faltaron espuelas». Pero Madero no impugna el resultado, sólo toma nota y se alerta. Reconoce, sin embargo, que aceptó la candidatura de Frumencio Fuentes «porque hubiese sido un golpe mortal una división para la democracia, naciente en México. Preferí la unión a pesar de los inconvenientes del candidato, a la desunión que hubiese traído un fracaso completo, no sólo en nuestra lucha política, sino que también para la democracia».

Díaz le había consultado antes a Bernardo Reyes si convenía encarcelar a Madero, pero aquél se negó; contestó que era mejor estacionar una fuerza disuasoria de caballería en la región de La Laguna «y persuadir al viejo Francisco de la necesidad de aquietar a su hijo».

Más adelante, ante la cercanía de la convención para lanzar candidato al gobierno de Coahuila, Madero propone que se haga en Torreón y no en la Ciudad de México: «... No hay que hacernos ilusiones —dice—; escoger entre México y el Estado de Coahuila para reunir nuestra convención, es escoger entre el antiguo sistema de servilismo y cobardía, que nos ha dado tan amargos frutos, y el sistema que queremos implantar los coahuilenses de dignidad y valor, para ponernos frente a frente ante el gobierno dictatorial que oprime a nuestra infortunada patria y arrancarle de sus manos la soberanía de nuestro Estado, que ha usurpado.»

Madero cree que viajar a la capital mexicana «es ir a doblegarnos ante el déspota, es ir a besar la mano que nos oprime, es reconocer al dictador el derecho de inmiscuirse en nuestros asuntos internos, es sancionar la costumbre de irle a suplicar que nos cambie de gobernador, cuando tenemos el derecho de hacerlo, y por último, es darle el golpe de gracia a la soberanía de nuestro Estado. Nosotros no podemos, no debemos hacer eso; nosotros, que en este momento somos los representantes genuinos del pueblo, debemos defender sus derechos, si necesario es, a costa de nuestras vidas...».

Madero ya no quiere más promesas «del caudillo» Díaz, no cree en la limpieza electoral. Asegura que ver a Díaz en México les hará perder «ante los ojos del mismo dictador, que siempre mide el valor de sus enemigos para hacerles concesiones según su poder, pues desde el momento que nos acerquemos a él comprenderá que somos unos cobardes, muy poco temibles y dignísimos del desprecio con que nos tratará...».

> «... Aceptar la ayuda interesada de Corral es ponernos entre sus manos y hacer que nuestro Estado le sirva de primer escalón para encumbrarse a la presidencia de la República; es ayudar a sostener otra nueva dictadura en nuestro país; es ponernos del lado de los dictadores de la patria; en una palabra, es convertirnos en serviles instrumentos de la tiranía, en vez de ser los campeones, los mártires, si es necesario, de la causa santa de la LIBERTAD.»

México es una nación de jóvenes, y además de jóvenes inconformes, rebeldes, revolucionarios. Por estas fechas (1905), Madero tiene treinta y dos años, más o menos la misma edad de los combativos hermanos Jesús, Ricardo y Enrique Flores Magón, originarios de Oaxaca, apoyados, entre otros, por Juan y Manuel Sarabia, Antonio I. Villarreal y Librado Rivera. A edad más temprana, en 1892, el estudiante Ricardo Flores Magón fue encarcelado por primera vez por participar en una manifestación contra Díaz. A partir de entonces ejerció una radical oposición al régimen, y en el futuro, su camino y el de sus hermanos se unió en algunos momentos al de Madero, empeñado en armar un tinglado que se le oponga a la que parecía ya «la dictadura inconmovible», como la denomina en una ocasión Márquez Sterling.

Francisco I. Madero siente que hay que pasar a la acción. Le escribe en 1905 a su hermano Evaristo, que está en París, para que regrese a «intervenir en la gran lucha política que se está preparando para el futuro».

Una vez *tocado* por su misión, «nace el apóstol». «No es un maestro de la verdad o de la revelación, porque no tiene ni busca discípulos. Tampoco es un sacerdote laico, porque no ejerce sedetentaria y profesionalmente su credo. Menos aún es un profeta, porque no anuncia el futuro ni levanta su voz para anatematizar el orden presente. Es un *predicador*: un *médium* de espiritualidad política que encarna y lleva un mensaje de cambio a todos los lugares a través de la palabra», escribe Enrique Krauze.

En efecto, Madero se da a querer, es imposible no estar de acuerdo con este «hombre bueno» que, años atrás, ha recorrido los caminos entre las montañas tupidas y los valles risueños de su entorno natural, Coahuila, «ganándose con singular ternura» a los labradores. Es, a pesar de todo, un optimista y ve la vida con alegría; intuye que, como confirma, si «somos derrotados» en Coahuila, habrán depositado, sin embargo, «la semilla de la libertad». Sólo hay que «cultivarla cuando germine, hasta que llegue a ser el frondoso árbol que cubre con su sombra bienhechora [...]. Los principios de *Libertad, Igualdad* y *Fraternidad* empiezan a regir en muchas partes del mundo y no está lejano el día en que dominen en el mundo entero... Poco a poco irán destruyéndose las tiranías y la libertad, que traerá consigo más justicia y más amor, hará que se cumplan las palabras del Crucificado».

¿Ingenuo? Habría que concluir que no lo parece en cuanto que, a mediados de la primera década del siglo XX, traza «con pre-

cisión matemática» un plan para democratizar a México, pero
como no es el único que quiere sacar al país del anquilosado sistema político, amplía sus relaciones personales (políticas) y se des-
prende de algunos recursos económicos para apoyar, entre otros,
a periodistas como Filomeno Mata, Francisco Iglesias Calderón
o Francisco Sentíes; a los hermanos Flores Magón les apoya con
dinero y su siempre espítitu idealista moral, aunque posteriormente rechaza «su voluntarismo revolucionario no sólo en términos morales sino políticos tambien».

> «Si usted quiere luchar contra el despotismo actual
> —le escribe a Paulino Martínez, encarcelado por el régi-
> men en 1906—, espérese para la próxima campaña elec-
> toral de presidente de la República, pues casi es seguro que,
> si el general Díaz intenta reelegirse nuevamente, habrá en
> todo el país un fuerte movimiento antirreeleccionista, y en-
> tonces será oportuno que, con vigor, intentemos recobrar
> nuestros derechos, a fin de que reine otro estado de cosas
> más en armonía; ya no será usted y dos o tres valientes pe-
> riodistas los que estén expuestos a los golpes del enemigo,
> ya no serán los pechos de ustedes los únicos que se presen-
> tarán ante las balas de la dictadura, sino que seremos una
> falange de luchadores [...].»

Los hermanos Flores Magón

Los hermanos Flores Magón no son producto de ninguna especie fuera de otro mundo. Su padre, un indio mixteco de San Antonio
Eloxochitla (Oaxaca), llamado Teodoro Flores, fue un luchador: lucha contra los invasores norteamericanos en 1847, sirve a las fuerzas del presidente Benito Juárez «contra los mochos» (la Reforma)
y pelea durante la ocupación francesa y en alguna ocasión, atrin-
cherado «el resto del ejército imperial» en Puebla, logra sacar del ato-
lladero al sitiador Porfirio Díaz, en aquellas batallas contra los europeos, gracias a los seguidores de Teodoro, unos trescientos indios.

Entonces Díaz les dijo que comieran una cazuela de frijoles y un montón de tortillas, antes de la batalla.

—Tata —contestaron los indios—, tomemos la trinchera. Después comeremos.

Porfirio Díaz les estimuló:

—Teodoro Flores, tus hombres tienen hambre de trinchera.

A machete limpio los indios se lanzaron al ataque y tomaron la trinchera.

Casado con Margarita Magón, una joven criolla de piel blanca, Teodoro regresó a la sierra. Era la única mujer de esas características en aquella tierra, en donde los «leguleyos» se aprovechaban de los indios. Su hijo Jesús nació en 1872, Ricardo en 1874 y Enrique en 1877. Para evitar las artimañas de aquéllos, Margarita decidió que sus hijos estudiaran la carrera de abogados en la ciudad de México. Con un hombre como Teodoro, «un héroe» destinado «al fracaso» fuera del paraíso serrano de su comunidad, los hijos crecieron y tomaron conciencia del régimen opresor. En 1892 los estudiantes «fuimos el cerebro del pueblo, como el pueblo habría de constituirse en los brazos del estudiante», recuerda Enrique Flores, el hijo mayor, el primero que recibió un balazo a los quince años, tras una batalla contra la policía montada, porque se oponían a la reelección de Díaz. Su hermano Ricardo fue encarcelado.

A partir de aquel incidente, los hermanos Flores Magón y un grupo de estudiantes compran en 1893 *El Demócrata*, un semanario de escaso tiraje, y una pequeña imprenta de segunda mano. Se convirtieron en periodistas combativos pero, al cuarto número, la familia Flores Magón tenía a un hijo en la cárcel (Jesús) y a otro prófugo (Ricardo).

A trancas y barrancas, según los tiempos, los hermanos sacan a la calle un nuevo diario el 7 de agosto de 1900 que llaman *Regeneración*, un medio que nace destinado a luchar «contra la mala administración de la justicia». Abogados los tres, conocen los mecanismos de la justicia y sobre ella enfocan sus baterías. Luego se lanzan contra el «dictador Díaz» y en un artículo de Enrique, que «suaviza» Jesús, coloca al presidente como blanco de sus críticas.

Pero no se quedan los hermanos a esperar que caiga la fruta madura: participan en el Primer Congreso Liberal que se celebra el 5 de febrero de 1901 en San Luis Potosí. Ricardo califica al régimen de Díaz como «una madriguera de ladrones» a los que hay que echar, incluso usando las armas.

—Mire, Camilo, qué cosa tan hermosa —le dice Ricardo Flores Magón al pariente del liberal Ponciano Arriaga, tomando una Constitución de la biblioteca, en un receso del Congreso—. Pero es letra muerta... Tendremos que acudir a las armas para hacer frente a Porfirio Díaz, pues este viejo no soltará el poder por su voluntad y aunque él quisiera no se lo permitiría la camarilla que le rodea.

Fernando Benítez recuerda las palabras de admiración de Camilo Arriaga, «un revolucionario que combatía dentro de la ley y del aparato estatal», a pesar de su rompimiento con Ricardo, en 1904, que «sus exhortaciones y advertencias posteriores son también una extensión de sus temores de entonces de que la Revolución fuera aprovechada por los pícaros. Yo nunca dejé de admirar y querer a Ricardo. ¡Pero era un bárbaro!

Con todo, apunta Benítez, Arriaga también se radicalizó. El segundo congreso organizado para el 5 de febrero de 1902 fue disuelto a la fuerza y Porfirio Díaz suprimió la mayoría de los ciento cincuenta clubes que funcionaban en la República, encarceló a los líderes principales y clausuró sus periódicos. Ricardo y Jesús fueron detenidos y *Regeneración*, clausurado. Después Enrique y Ricardo alquilaron *El Hijo del Ahuizote*, una revista satírica que por la enfermedad de su dueño, Daniel Cabrera, sobrevivía penosamente. Cuando cerraron *El Hijo del Ahuizote*, reapareció después *El Nieto del Ahuizote*... La «descendencia» se mantuvo «no más allá de tres generaciones, porque la nube de policías y de agentes secretos fueron localizando las imprentas y destruyéndolas».

Sin embargo, persisten, son tan tercos como Díaz, por algo son todos de origen mixteco. En 1903 nace la primera oposición política seria al régimen, con un manifiesto firmado entre otros por los hermanos Flores Magón, Camilo Arriaga, Antonio Díaz Soto y Gama o Juan Sarabia, donde se ratifica el propósito de combatir al clero y se añade el de luchar contra el militarismo; donde se habla de la dignificación del «proletariado» y se despotrica contra los ricachones, los extranjeros y los funcionarios públicos. El 5 de febrero de ese año, en el aniversario de la Constitución, cuelgan en los balcones de *Regeneración* una manta con «las palabras letales»: «La Constitución ha muerto».

La reacción del presidente Díaz fue rápida y contundente: le persigue hasta enviarlos a prisión y al exilio (Estados Unidos). Luis González escribe: «Arriaga y los Flores se refugian en Estados Unidos. Allá se pelean entre sí. Los Flores Magón organizan entonces un partido liderado por ellos, Sarabia, Antonio Villarreal y Librado Rivera. En julio de 1906, esparcen desde San Luis Missouri un programa político antirreeleccionista, antimilitarista, librepensador, xenófobo, anticlerical, laborista y agrarista. Toda la clase media urbana no dependiente del presupuesto público, no sólo la flor intelectual de esa clase, acaba por ser antiporfirista en nombre del liberalismo...».

No negaban el progreso del régimen, sólo que lo ven de otra manera; ponderan, como dice Krauze, los costos del campo y de la ciudad. Atacan la desigualdad, «hija del liberalismo social, que ellos no atribuían a la época sino al dictador».

Krauze cree que varios miembros de este «partido clandestino» se infiltran en las bases obreras del mineral de Cananea, en Sonora, y en la gran fábrica textil de Río Blanco, en Veracruz. El resultado es inédito en el régimen: las huelgas son largas, complejas y sangrientas. Un asesor del presidente Díaz intuye que «el movimiento actual no es aislado ni circunscrito a la clase obrera [...]. Los movimientos operados son precursores de los que se preparan en otros grandes centros del país... Cuando la idea revolucionaria es tan avanzada que frisa en un hecho, la única manera de dominarla es encabezarla».

Pero a pesar de que en 1907 Porfirio Díaz cree que sigue siendo el único hombre de México capaz de encabezar una revolución, la suya, no la de quienes le combaten en las calles, en la prensa, en el campo, en las minas, ya es tarde. El torbellino que se le viene encima es incapaz de pararlo. Ya no tiene tiempo, a pesar de que en 1908, en la célebre entrevista con el periodista norteamericano James Creelman, dice que «el porvenir de México está asegurado...».

Hay una pinza contra Díaz. Los hermanos Flores Magón y sus amigos, desde el exterior, y dentro de México, Francisco I. Madero, incansable en su peregrinar apostólico. El joven hacendado de Coahuila tiene experiencia y, aunque «no era un místico del poder, como Díaz, sino un místico de la libertad», opone a las artimañas del presidente (la entrevista con Creelman), un pequeño libro, *La sucesión presidencial de 1910*. A la Revolución Mexicana le falta muy poco para estallar.

El Partido Liberal

Los focos rebeldes aparecen y desaparecen, según su grado de organización. Las cárceles de Belén, la prisión de San Juan de Ulúa o la vastedad selvática de Quintana Roo, se pueblan de opositores, bien de conciencia, bien por asuntos tan pedestres como reivindicar mejores salarios para sobrevivir, en aquel «paraíso de paz y progreso» en el que se ha convertido México. Y cuando las mínimas normas de convivencia y tolerancia no se cumplen en la dictadura, se aplica en muchos casos —sobre todo contra bandoleros y las gavillas que asuelan los caminos del país— la política del «rifle sanitario» o el tan conocido «mátenlos en caliente». El militarismo mexicano propuesto por Díaz, tras su regreso al poder en 1884, se aplica con fe. Mientras una parte del ejército combatía las sediciones de índole política, otra le hacía la guerra a los indios desobedientes: entre otros, a los apaches por el norte y a los mayas por el sur.

Así pues, los oaxaqueños Flores Magón, después de intentarlo por las buenas, deciden que lo mejor es salir de la cárcel y tomar el camino del exilio norteamericano, creyendo que desde el exterior será mejor —con alguna garantía— oponerse al régimen porfirista. A Francisco I. Madero le corresponde de forma espontánea el frente interior, dentro de la legalidad, pero sometido a alta presión militar. Hostigados por los agentes policiacos del gobierno de Díaz y del norteamericano, los exiliados van de un lugar a otro: de San Antonio a San Luis, de aquí al Canadá y de nuevo a Texas. A la vista de todos, unos y otros aparecen como puntas de lanza de una oposición que crece peligrosamente contra el régimen, mientras el país se debate, a trancas y barrancas, por salir adelante, con opiniones de distinta índole. Para unos México es un paraíso; para otros, un mito. Entre una cosa y otra, parecen contradecir al sabio alemán Alexander von Humboldt sobre si la República es o no es el «cuerno de la abundancia». En todo caso, como afirma Daniel Cosío Villegas, Porfirio Díaz es el primer promotor del «milagro económico mexicano».

Pero a finales de la última década del siglo XIX, algunas tragedias azotan el país. El volcán de Colima hace erupciones como pocas veces, la sequía se ceba en los campos del norte, aparecen enfermedades y epidemias en el ganado, y el tifus y la viruela ciegan la vida de más de sesenta mil niños, en total, en dos ocasiones (1893 y 1899). Tras las «vacas flacas» de 1889 a 1893, vienen siete años de «vacas gordas», a pesar de un ciclón que afecta al golfo de Tehuantepec, intensas nevadas en la zona norte, fronteriza con Estados Unidos, en 1897, y los terremotos de Guerrero y la peste bubónica de Mazatlán, en 1902.

Ante la mala racha que cae como un castigo divino sobre México, aparece en el pueblo el estribillo de que sólo hay «maravillas que encantan a la vista». El científico y amigo del presidente Pablo Macedo afirma que «nuestro suelo es fabulosamente rico en la leyenda; difícil y pobre en la realidad», mientras Francisco Bulnes cree que es una maldición nacional tener medio cuerpo en el trópico: «el trópico ha impedido nuestra civilización». El pesimismo, sin embargo, desaparece luego ante los resultados económicos y la industrialización de México, a costa del capital extranjero, el sudor y la explotación de la mayoría. Sigue siendo, sin embargo, una etapa de «poca política y mucha administración», circunstancia que los hermanos Flores Magón y sus amigos y Francisco I. Madero están dispuestos a cambiar.

Regeneración seguía saliendo en Estados Unidos y Ricardo Flores Magón mantenía relaciones epistolares con Lázaro Gutiérrez de Lara, quien organiza el Club Liberal en Cananea, población minera que se ve envuelta en una huelga y posterior represión. A mediados de ese año, entre otros lugares, se creó en Río Blanco, Veracruz, el Gran Círculo de Obreros Libres y su órgano oficial, *Revolución Social*, mantenía ideas inspiradas en los principios del Partido Liberal de los Flores Magón, «principios radicales y de abierta y decidida oposición al régimen del general Díaz», recuerda Silva Herzog.

En Río Blanco estalló una huelga el 7 de enero de 1907 y también se reprimió con dureza. Frente a la tienda de raya de Río Blanco, se fusiló a Rafael Moreno y Manuel Juárez, presidente y secretario del Gran Círculo de Obreros Libres. A otros dirigentes se les deportó a Quintana Roo, condenados a trabajos forzados. En *El Imparcial* de la ciudad de México, «diario subvencionado» por la dictadura, se editorializó sobre la huelga y represión en la empresa textil de Río Blanco: «Así se gobierna», se tituló el elogioso editorial a favor del·general y presidente Porfirio Díaz.

Entremedias de la huelga de Cananea y Río Blanco, aparece el programa del Partido Liberal y el Manifiesto a la Nación, firmado en St. Louis Missouri, el 1 de julio de 1906. Aquello fue resultado de las luchas internas de los Círculos Liberales nacidos en San Luis Potosí y posteriormente reprimidos en las ciudades donde se dan a conocer, incluidos, como sabemos, medios de comunicación que les apoyan, como *Regeneración*, *El Hijo del Ahuizote* o *Excelsior*, aunque hay otros diarios adversarios al régimen, como *Diario del Hogar, Juan Panadero, El Colmillo Público* y *Redención*. No obstante, se duda de la eficacia de la prensa como medio propagandista, puesto que sólo alrededor del 14 por 100 de la población sabía leer y escribir. (Según el censo de 1895, de una población de 12.491.573 personas, 1.782.822 sabían leer y escribir y otras 323.336 sabían leer solamente.) Muchos periodistas pagan con cárcel su atrevimiento y Ricardo Flores Magón relata una de sus experiencias de varias semanas en la cárcel de Belén: «Alguna vez, cuando aún era joven, fui internado durante semanas en un calabozo oscuro, tan oscuro que me impedía verme las manos. Esto aconteció en la ciudad de México, durante aquel horripilante periodo en que Díaz imperaba con mano sangrienta. El calabozo carecía de pavimento y constituía el piso una capa de fango de tres o cuatro pulgadas de espesor, mientras las paredes rezumaban un fluido espeso que impedían secar las expectoraciones que negligentemente habían arrojado sobre ellas los incontables y descuidados ocupantes anteriores. Del techo pendían enormes telarañas, desde las que acechaban enormes, negras y horribles arañas...».

Exiliados en Laredo, luego hostigados por las autoridades norteamericanas, Ricardo Flores Magón y Juan Sarabia se refugiaron en Canadá, mientras otros se instalaron en St. Louis Missouri, «para alejarse de la influencia (y los agentes) del gobierno de México». En un período de diez años *Regeneración* se publica sucesivamente en México, St. Louis, en El Paso, Texas y Los Ángeles, California. El diario era, sin embargo, «ampliamente» conocido en los dos lados de la frontera, México y Estados Unidos. Francisco I. Madero no está al margen de aquel ir y venir por los Estados Unidos del grupo de Flores Magón. Financia sus viajes y contribuye al sostenimiento de *Regeneración*, porque cree que «regenerará» a la patria, «levantando a los mexicanos con noble indignación contra los tiranos». Ricardo, a su vez, considera que la ayuda de Madero salvará la causa liberal.

En esas andan ambos líderes en ciernes, pero en el verano de 1906 Madero comenta a uno de los «sostenedores» de Ricardo Flores Magón en Texas que tiene dudas «sobre el fin perseguido por el grupo». Stanley R. Ross escribe que «Madero juzgaba que era inoportuno empezar una campaña democrática allí, ya que en todo caso debía ser dirigida dentro de México. Si el fin era la revolución, él la consideraba antipatriótica». Madero no veía bien los ataques calumniosos, «técnica empleada por el grupo de San Luis», para insultar a reconocidos liberales. Madero llega a la conclusión de que aquellos exiliados no eran los apropiados para «dirigir al partido liberal a lo largo del camino que se debía seguir».

El programa y el Manifiesto Liberal (que circula en México clandestinamente), dado a conocer en julio de 1906, con el lema de combate «Reforma, Libertad y Justicia», lo firman Ricardo y Enrique Flores Magón, Antonio I. Villarreal, Juan y Manuel Sarabia, Librado Rivera y Rosalío Bustamante. Buscan reformar a fondo dos aspectos de la vida nacional: el político (reduciendo el periodo presidencial a cuatro años, no reelección, fortalecer el municipio, simplificar el juicio de amparo) y el social y económico (jornada de ocho horas máximo de trabajo, condiciones higiénicas y de seguridad para los obreros, indemnización por accidentes de trabajo, descanso dominical obligatorio).

El Partido Liberal dice que «no se puede decretar que el gobierno sea honrado y justo; tal cosa saldría sobrando cuando todo el conjunto de leyes, al definir las atribuciones del gobierno, señala con bastante claridad el camino de la honradez; pero para conseguir que el gobierno no se aparte de ese camino, como muchos lo han hecho, sólo hay un medio: la vigilancia del pueblo sobre sus mandatarios, denunciando sus malos actos y exigiéndoles la más estrecha responsabilidad por cualquier falta en el cumplimiento de sus deberes...».

Se hace una invitación a la rebelión ante la realidad angustiosa, la miseria y la ignorancia de la mayoría del pueblo: «Un gobierno que no se preocupe por el bien efectivo de todo el pueblo no puede permanecer indiferente ante la importantísima cuestión del trabajo. Gracias a la dictadura de Porfirio Díaz, que pone el poder al servicio de todos los explotadores del pueblo, el trabajador mexicano ha sido reducido a la condición más miserable... El capitalista soberano impone sin apelación las condiciones del trabajo, que siempre son desastrosas para el obrero, y éste tiene que aceptarlas por dos razones: porque la miseria le hace trabajar a cualquier precio o porque, si se rebela contra el abuso del rico, las bayonetas de la dictadura se encargan de someterlo...».

El desastre en el que concluyen las huelgas de Cananea y Río Blanco es igualmente el punto de inflexión para acciones de mayor envergadura. A pesar de la represión del ejército de Díaz contra los obreros y del horror que provoca entre las «personas inteligentes» y hombres de bien, durante los años que le quedaban al régimen «no fue perturbado por huelgas serias, aun cuando el descontento era evidente entre la clase trabajadora». Por tanto, empeñados en dar otra clase de batallas, Ricardo Flores Magón, Juan Sarabia, Antonio I. Villarreal y sus demás compañeros organizaron un movimiento revolucionario que debía estallar el 25 de junio de 1908, fecha que recuerda la Ley de Desamortización de los Bienes del Clero, expedida cincuenta y dos años antes. Hay levantamientos en Las Vacas y en Viesca, Coahuila; en Valladolid, Yucatán, y en Palomas, Chihuahua, pero las fuerzas federales los sofocaron con rapidez con muchas detenciones. Juan Sarabia, entre otros, fue encarcelado en San Juan de Ulúa, donde pasa tres años, hasta que le libera la Revolución.

Madero teme la revolución que propone el grupo de Flores Magón y rechaza los «planes subversivos» que le proponen en San Pedro de las Colonias. Maderó rehúsa esa vía porque cree que es «un crimen ensangrentar el país por ambiciones de interés personal». Cuando los liberales atacan Jiménez, en Coahuila, Madero «se apresuró» a contarle a su abuelo que no estaba asociado «en tales disturbios» y que no los apoyaba. «Y así, cuando se produjeron los ataques a Las Vacas y Viesca en 1908, permaneció inflexible, oponiéndose a los atentados revolucionarios de los liberales. Su análisis de estos incidentes constituía un esforzado estudio para aminorar y desacreditar el movimiento. Madero observaba el pequeño número de sus filas, la fría recepción dada a los revolucionarios y su derrota», escribe R. Ross. O sea, Madero cree que el pueblo rechaza la violencia y destaca la actitud contraria, a favor de una «campaña democrática», según Taracena, citado por R. Ross.

Afirma Charles C. Cumberland que la serie de movimientos revolucionarios contra Díaz en 1906 y 1910 fueron liquidados pronto y que «el público en general ni siquiera se enteró», gracias a la facilidad con que fueron sometidos. En 1908 el presidente Díaz había dado a conocer sus puntos de vista sobre México y su futuro personal al periodista Creelman, así que entre esto y el fracaso de los revolucionarios encabezados por Ricardo Flores Magón, para atracr más partidarios a la lucha, «convenció al Gobierno y al público de que Díaz seguía siendo el favorito del pueblo, seguro en su posición».

«Pero los descontentos —escribe Cumberland— no buscaban un dirigente como Flores Magón, anarquista declarado, o Bonilla, un desconocido en Valladolid. Cualquier movimiento contra Díaz tendría que apelar a los obreros, los mecánicos, los rancheros, los hacendados, muchos financieros, los intelectuales, los hombres de negocios y los hombres de ambiciones políticas frustradas. El dirigente de ese movimiento tendría que ser un hombre de una familia respetable, tendría que tener buena educación, tendría que ser relativamente desconocido políticamente, tendría que tener tendencias liberales pero vínculos con los grupos conservadores y, por encima de todo, tendría que tener valor y color suficientes para estimular la imaginación popular. Con un dirigente así el movimiento revolucionario podría llegar lejos. Y se halló en la persona de Francisco I. Madero, joven hacendado de Coahuila.»

En efecto, Madero es el hombre adecuado, reúne esas características. ¿Pero se ha dado cuenta de que es él esa figura que aglutine a tantos y aparentemente opuestos intereses? Y por otro lado, ¿el presidente Porfirio Díaz se ha dado cuenta de que él ya no es el hombre que debe regir (aún más) los destinos de México?

CAPÍTULO V

— PORFIRIO DÍAZ AFRONTA SU FUTURO —

LA LUCHA POR EL PODER

Los tímidos y fracasados intentos de rebelión armada contra el régimen del presidente Porfirio Díaz no parecen, a pesar de todo, que hayan frustrado otros planes más ambiciosos. En la prisión o en el exilio, hay muchos mexicanos que siguen dando la pelea al sistema opresor que impide el desarrollo de la lucha política, como hay otros que, como Francisco I. Madero, tampoco se olvidan de ejercitarse en el campo del espiritismo. Enrique Krauze dice que «la política no desplaza al espiritismo: nace de él».

El camino que dicta el espíritu de «José» a Madero

Pero a diferencia de otros tiempos, en los que el «espíritu de su hermano «Raúl» le guía la mano y sus pensamientos, ahora en 1907 el amigo cómplice de Madero es el «espíritu» de «José». Este «espíritu» resulta más «militante» que el anterior, le induce a escribir en cuadernos de pasta dura toda esa «tensión mística» que no le dio «Raúl»; Francisco I. Madero se somete ahora a unos «ejercicios espirituales» llenos de objetivos políticos, más amplios, precisos e intensos.

Krauze ve una relación espiritual entre Madero y el fundador de la Compañía de Jesús, Ignacio de Loyola (en cuyo honor se dio a Madero su segundo nombre). Cada página es una lucha contra el «yugo de los instintos», un despliegue de «esfuerzos gigantescos por vencer la animalidad [...], la naturaleza inferior [...], el descenso a los más tenebrosos abismos». Para lograrlo, escribe Krauze, «el espíritu recurre, como "Raúl", a la culpa, e incluso a la abierta amenaza de abandonar a Francisco para siempre. Pero el acicate mayor no era el miedo sino la promesa de recompensa: si dominaba sus pasiones inferiores —le advertía—, "podríamos hacer algo útil, eficaz y de verdadera trascendencia para el progreso de la patria". Y no sólo México vería frutos, también el obediente Francisco y su esposa, que así podrían engendrar la descendencia que anhelaban».

Los métodos de aquella doma son terribles: «ardientes oraciones», «tristísimas reflexiones», «propósitos firmísimos de purificación» siguen a cada pequeña caída en el fango del instinto. «José» le recomienda «no dejar ni un momento la mente desocupada», «curar seguido», hacer emanaciones, rezar, «comunicarse cuando menos una vez al día con nosotros», «releer con frecuencia las comunicaciones», apartarse a un «solitario lugar» —probablemente un tapanco en su hacienda— donde podría absorber «fluidos purísimos»:

> «Procura abstraerte —le dice el espíritu "José"— del mundo externo y encerrarte dentro de ti mismo en el mundo interno en donde reina perfecta calma y un silencio profundo a la vez que majestuoso.»

Es evidente que Francisco I. Madero se prepara para algo muy grande, aconsejado por «José»; sigue a rajatabla sus exhortaciones, le pide que lea los voluminosos tomos de *México a través de los siglos*, que se prepara porque «no te das cuenta del poder que tienes», advertido también de que 1908 será un buen año para él, porque «será [...] la base de (tu) carrera política». Le anuncia que «el libro que vas a escribir va a ser el que te dé la medida en que deben apreciarte tus conciudadanos».

El presidente, el régimen y sus apoyos se enfrentan ahora a un «chiflado» como Madero, un hombre que pule sus armas entre su gente, como si repasara el camino de Jesús, «desaparecido» del mundo exterior durante treinta años, para reaparecer a los treinta y luchar abiertamente durante tres fructíferos años hasta su muerte. La corriente liberal, por un lado, en la que se sitúa Madero, y la anarquista por el otro, fueron minando el edificio porfirista hasta preparar la mesa en la que estarán tirios y troyanos (clase obrera y campesina, entre otros), dispuestos a derrocar al régimen.

Las cartas del presidente Díaz

Entre bambalinas, sin embargo, Porfirio Díaz juega sus cartas. En 1900 había dicho que «un viejo gobernante de setenta años no es lo que necesita una nación joven y briosa como México». Unos años antes, el diputado Francisco Bulnes había dicho que «el dictador bueno es un animal tan raro, que la nación que posee uno debe prolongarle no sólo el poder, sino hasta la vida». Pero en un país con una historia tan violenta (y el siglo XIX era una prueba fehaciente de ello), contradictoria y surrealista, con personajes como el cojo de Manga de Clavo, el general Antonio López de Santa Ana, las palabras de Díaz se las lleva el viento. El periodo de gobierno de su amigo, el manco González (1880-1884) le vino bien, sólo para regresar como «el hombre necesario» e insustituible. Simplemente vuelve para apretar las tuercas y para cerrar los flancos que su antecesor y compadre no ha concluido. El liberalismo mexicano del siglo XIX seguía pasándose la estafeta, de manos de Benito Juárez a las de Porfirio Díaz, y algunos pretendían seguir por esa senda (el Partido Liberal de los hermanos Flores Magón), aunque mediante otros parámetros, socialmente diferentes (del liberalismo puro al anarquismo) a los que estaban acostumbrados en México. Las lecturas de Kropotkin, Eliseo Reclus, Bakunin, Proudhon o Marx, revolucionarios de la época, habían dejado su huella en algunos sectores sociales, a pesar de que otros preferían al místico espiritista Allan Kardec.

Porfirio Díaz se olvida de sus palabras muy pronto, no sin antes darle un susto a medio mundo. En 1900 una enfermedad, un reuma de cuello, lo deja fuera de la jugada política que aplicaba plácidamente desde su despacho presidencial, en la fría ciudad de México. Pero para algo servía tener medio país metido en el trópico. Porfirio Díaz se las arregla entonces para ir a descansar y curarse en climas más templados, como Guerrero y Cuernavaca, Morelos, ciudad primaveral, refugio ideal para jefes de Estado en vísperas de crisis. Cuando regresa a ocupar la apetitosa silla presidencial, «estaba más fuerte que nunca». En diciembre de 1900 asume por sexta ocasión la presidencia de un país que por fin se ostentaba frente al mundo como «nación civilizada». No obstante, entre su deseo virtual de dejar paso a «savia nueva» y su reuma, descoloca a los presuntos aspirantes a sucederle: José Ives Limantour y Bernardo Reyes. El presidente Díaz no pasa por imposiciones, ni siquiera físicas: cree que está como un roble. Y tampoco le tiembla la mano. Pone a todo el mundo más firme que un palo de escoba.

Desde que retoma las riendas del poder en 1884, no hay quien le tosa al general oaxaqueño. Tiene una esposa muy joven «con porte de reina» en un país formalmente republicano. Acaba con los caciques «que se le habían escapado» a su compadre el manco González y «detuvo la formación de nuevos cacicazgos». Como dice Luis González, «terminó por imponerse a todos, a los cultos y a los héroes. Hizo que se le tuviera fe, temor y amor». Le abre las puertas al capital extranjero, norteamericano especialmente, y sobre la nueva tecnología y la industrialización fomenta el progreso de México, es decir, para una minoría, a la que se le añaden los nuevos inversionistas de otras partes del mundo: Alemania, Francia, Inglaterra y España.

Díaz no veía por ningún lado oposición. Tampoco quiso ser peligroso ni estorbo para las aspiraciones de nadie, «siempre y cuando esas aspiraciones no fuesen políticas». Así dejó que los hombres de negocios «se hicieran ricos hasta reventar». La prensa fue libre pero cada vez menos. Volvieron las procesiones (y los jesuitas en 1878) y el repique de campanas, las rogativas para paliar sequías. Paz, orden y progreso, ésa era la consigna, y el que se mueva no sale en la foto, es decir, no se hace rico, y el que no llega a serlo, como el ministro jovial y emprendedor Carlos Pacheco, es porque «era un tahúr empedernido y un derrochador sin freno».

Ni Limantour ni Bernardo Reyes: él, Porfirio Díaz

A tres bandas, desde su residencia en la casa de Cadena —donde vive la mayor parte del año—, los veranos en el castillo de Chapultepec y en el Palacio Nacional, Porfirio Díaz diseña la política mexicana. Todo parece tan normal que el presidente Díaz entrega el poder a su sucesor, el presidente Díaz. Hay fiestas y comilonas, verbenas y elogios para el «gran elector», siempre rodeado del grupo generacional de los «científicos» (nacidos la cincuentena de ellos, más o menos, entre 1840 y 1856), hombres que en 1900 andaban entre los cuarenta y sesenta años: José Ives Limantour, Francisco Bulnes, Ramón Corral, Sebastián Camacho, Enrique C. Creel, Emilio Rabasa, Justo Sierra Méndez... Por fuera, Díaz recurrió a los servicios de cinco hombres «prominentes» de la generación citada: Joaquín Baranda, Diodoro Batalla, Teodoro Dehesa, José López Portillo y Rojas y Bernardo Reyes, siempre dispuesto el general, a la primera llamada del presidente, para reorganizar el ejército que «padecía los estragos patológicos de la paz», en pacificar el norte o gobernar Nuevo León durante veinticinco años, de 1884 a 1909, donde parte del gran desarrollo de aquella región se le debe a él.

Un ejemplo de aquel crecimiento en el norte es la región de La Laguna; la zona agrícola tuvo un rápido crecimiento y la población rural se triplicó hasta las doscientas mil personas entre 1880 y 1910, en su mayoría por la migración del centro de México. Monterrey se convierte en un centro comercial e industrial en ascenso (acero, vidrio, cerveza), unido a la expansión de la economía norteamericana en la era posterior a la guerra civil.

Su brazo militar es Reyes y el brazo civil, Limantour. El primero puso orden, lo arma, saca la oficialidad de las «familias decentes» y le «arrebata» a la fuerza al proletariado para convertirlo en tropa. Así se hizo México de un ejército «muy presentable». El segundo se encarga de las finanzas, de traer capitales, de abrir las puertas a colonos extranjeros, de exportar e importar, pagar deudas y reducir la burocracia. Un punto: el grueso de la deuda (589,7 millones de dólares en 1911, de los cuales 441 millones corresponden a la deuda externa, incluidos los créditos del ferrocarril) no constituye gastos de armamento («que en general se descuidó», escribe Brian Hamnett), sino el coste de modernizar las infraestructuras. Limantour fue capaz de reducir el gasto del servicio de la deuda del 38 por 100 de los ingresos ordinarios en 1895-1896 al 23 por 100 en 1910-1911, mediante la reducción de los tipos de interés a través de las conversiones de la deuda de 1899 y 1910. Así nace en México una economía ligada a los intereses extranjeros. México tiene un «ejército de paz» y una economía equilibrada. Todo el progreso a costa de la mayoría.

Aquellos hombres, seguidores del positivismo, animados por el «análisis objetivo, científico, de los hechos», fueron calificados por Daniel Cosío Villegas como «los primeros tecnócratas de la historia mexicana».

«Los más de los científicos merecían el membrete de ricachones», escribe Luis González. Y sólo medraban en el ejercicio de sus profesiones, se defiende uno de ellos, porque eran «inteligentes y profesionistas». No obstante, los «científicos» no le hacen a Díaz instrumento de sus planes; entre otras cosas, como dice Limantour, «tuvieron al principio pocas oportunidades de ponerse en contacto con el señor presidente». Díaz cuida siempre sus «buenas relaciones» pero les para las veces que pretenden entrar en «cuestiones de orden público». O sea, se les permite constituirse como un grupo político informal a partir de 1880 y muchos de ellos obtienen cargos elevados, son gobernadores, ministros, regidores o diputados. De ahí no pasan. «Aunque la labor de casi todos ellos tuvo su efecto positivo en el progreso material del país, su cercanía (y sus negocios) con el régimen les volvió blanco del odio popular», apunta Krauze.

Por tanto, cuando Díaz deja el ejercicio de la administración del poder para ir a descansar al trópico mexicano, los dos máximos aspirantes a sucederle, Limantour y Bernardo Reyes, dudan. El presidente, por otro lado, equilibra las fuerzas, enfrentándolas. Entre tanto, celebran que se restablezca de la salud: «... El alta estima en que os tiene el pueblo mexicano, lo habéis visto palpablemente en la conducta que ha observado durante vuestra ausencia y el día de vuestro retorno a esta capital», le dice José López-Portillo y Rojas. El presidente sigue siendo Porfirio Díaz, mientras la Cámara de Diputados, según Cosío Villegas, se «asemejó mucho a un museo de historia natural donde se halla un ejemplar de cada especie».

Entre magos de las finanzas, el ejército y la educación (Justo Sierra) anda el juego. El país de jóvenes está en las manos de viejos dirigentes. Las nuevas generaciones reclaman un papel que no sea sólo el de figurantes en una comedia que parece que no tiene fin (la dictadura). Y como el andamiaje interno falla, aparecen las crisis: Cananea, Río Blanco, el Partido Liberal, el anarquismo de los hermanos Flores Magón, el ímpetu del reformador Madero; los rancheros y pequeños propietarios «pasan por un buen periodo entre 1904 y 1907, pero aun así se integran al coro de los enemigos del régimen. Quieren que don Porfirio le deje la silla presidencial a uno más nuevo. No a Limantour, creador de la plaga de los receptores de rentas. No a Corral, hechura de Limantour. Sí a alguien que no se acuerde del pueblo sólo a la hora de pagar las contribuciones o cuando alguien comete una fechoría...», escribe Luis González.

Porfirio Díaz Maquiavelo

En las elecciones presidenciales de 1904, Díaz gana, claro, pero deja en la estacada a Bernardo Reyes y José Ives Limantour, creyéndose candidatos, aunque méritos no les faltan. Les da aliento y les abandona luego. Krauze recuerda que don Porfirio, viejo lobo, hizo una doble campaña: contra Limantour, por su origen; contra Reyes, por reprimir una manifestación en 1903; le dio el pretexto: «Tendré que sacrificarme otra vez. Limantour me resultó francés y Bernardo se dispara solo.»

Escribe por su parte José López Portillo y Rojas, en su *Elevación y caída de Porfirio Díaz,* que la política del presidente en el seno del gabinete «fue siempre maquiavélica; consistió en enemistar a alguno o algunos de sus ministros con los otros, para evitar que la unión de todos les hiciera fuertes, o bien para que ninguno, ni el que más se distinguiese, cayese en la debilidad de aspirar a la presidencia. El gabinete era, así, un campo de batalla donde todo andaba en clamorosa discordia. Todo se hacía bajo el influjo y por las intrigas em-

bozadas del presidente. Porque es de saber que este señor murmu-
raba y hablaba mal, aunque confidencialmente (según lo decía), de
todas las personas que le cercaban. Ponía en conocimiento de sus
mayores amigos y partidarios cuanto de desfavorable murmuraban
sobre ellos, y lo mismo hacía por todas partes; de suerte que los porfiristas estaban siempre de pleito entre sí, aunque firmemente ad-
heridos al presidente».

Francisco I. Madero tiene una opinión sobre uno de los aspirantes a la silla presidencial: «El general Reyes está profundamente
imbuido en las prácticas absolutistas, y si llega al poder, indudablemente que seguiremos bajo el sable, pero éste será más filoso y pe-
sado que el del general Díaz... Es sumamente impulsivo y apasionado, e indudablemente... dará rienda suelta a sus pasiones.»

Manuel Calero opina, por su parte, del otro: «Limantour no pudo
nunca ser popular. No conocía a nuestro gran pueblo, como no fuera literariamente. Huía por instinto de su contacto y era incapaz de
identificarse con sus dolores e infinitas miserias. De esto último hay
numerosas indicaciones en su larga y activa vida pública.»

LA ENTREVISTA

Habla el viejo presidente

Más allá del ecuador de su gobierno, a comienzos de 1908, el
presidente Porfirio Díaz fue entrevistado por el director del diario
norteamericano *Pearson's Magazine*, James Creelman. Es perentorio
advertir que la entrevista se celebra meses antes en el castillo de
Chapultepec, pero aparece en marzo de aquel año que Francisco I.
Madero intuía, según el «espíritu de José», iba a ser «la base de su
carrera política». Es histórica por muchos motivos y nadie pensó entonces, ni entrevistado ni entrevistador, que aquella conversación
amistosa se convertiría en una de las chispas que alentaría las ascuas
incombustibles de la revolución en ciernes. El texto desconcierta,
como parece obvio, a los políticos que le rodean, alienta a la oposición y asombra a los inversionistas. Habría que añadir, no obstan-

te, sobre la oportunidad de dar a conocer en aquella ocasión (marzo de 1908) una conversación entre un periodista norteamericano y el dictador mexicano. La tensión social y política ha subido de tono en los últimos años y las huelgas de Cananea y Río Blanco, entre otros conflictos, encienden en Washington las alarmas. Los intereses norteamericanos están en manos de un anciano. Les preocupa la estabilidad del régimen.

El 14 de octubre de 1909 se produce en la frontera la primera entrevista oficial entre presidentes de Estados Unidos y México. El mexicano visita El Paso, Texas, vestido de militar, con su uniforme «cuajado de estrellas». Ese mismo día, Taft devuelve la visita pisando Ciudad Juárez, Chihuahua. La vuelta del norteamericano a su país lo hace escoltado por soldados mexicanos. El republicano, de cincuenta y dos años, William Taft y Porfirio Díaz, con setenta y nueve años, sellan «la buena vecindad». Porfirio Díaz brinda por «el país del inmortal Washington». Y Taft responde: «Los fines y los ideales de nuestras dos naciones son idénticos, su simpatía es mutua y perdurable, y el mundo sabe hoy que existe una vasta zona neutral en donde la paz reina.» El intérprete de aquel histórico encuentro fue Enrique C. Creel, a petición de ambos presidentes. Según el privilegiado testigo del encuentro, Taft tuvo «especial empeño en dejar una impresión en el ánimo del general Díaz; no se trató en la conferencia ni un solo punto de la política internacional que pudiera provocar diferencias...».

A pesar de las buenas palabras, en la mentalidad norteamericana hay una preocupación por la suerte del anciano mandatario. Como dicen Lorenzo Meyer y Josefina Zoraida, aunque no queda testimonio directo de la reunión presidencial, fue considerada por el presidente Taft como «su respaldo a Díaz». No estaba en manos del presidente norteamericano alargar la vida de Díaz ni evitar que dejara el poder, pero teme verse involucrado en un país donde tienen depositadas una inversión de «1.000 millones de dólares». Desde la óptica del vecino del norte, parecía «irremediable» que el país se viera «involucrado si la disciplina social se quebrantaba» en México, en aquel México que otro periodista de ese país, John Turner, llamará «México bárbaro».

La historia de ambos países se ha tejido de muchas maneras y, como se verá en el futuro, algunas noticias aparecidas en la prensa norteamericana, antes que en México, por ejemplo relacionadas con la riqueza petrolera de México (quién mejor que el propio país dando a conocer su patrimonio cuando lo juzgue conveniente), han supuesto luego en este país más de un sofocón. O sea, bien puede considerarse que, teniendo Norteamerica tantos intereses en México, el periodista Creelman considerara oportuno sacar a relucir aquella bomba de relojería, camuflada de charla amigable entre un director, con acceso a las altas esferas de Washington en labores de reportero, y el «caudillo» de una nación que, a pesar de su apariencia republicana, parecía más bien la de una monarquía de viejo cuño.

En cualquier caso, la conversación se produce, se publica en Estados Unidos y repercute en México, como un bumeráng. La reproducen en los diarios mexicanos y el gallinero político se alarma. ¿Qué había declarado el caudillo a la prensa norteamericana? Porfirio recuerda haber recibido un país «belicoso», dividido y en quiebra, el mismo que, veintisiete años después, devolvía pacificado, comunicado y solvente. Admite que sus métodos de gobierno habían sido duros e inflexibles, pero necesarios para salvar la «sangre de los buenos» mexicanos. Pese a su largo ejercicio del poder, se declaraba convencido de los principios democráticos y manifestaba la firme resolución de separarse del poder en 1910, al expirar su mandato de gobierno. «Veré como una bendición y no como un mal —dijo— el surgimiento de algún partido de oposición, al cual apoyaré y aconsejaré para inaugurar felizmente un gobierno completamente democrático.»

Aún sin saber si sueñan o es una realidad, muchos corrieron, como Madero, a formar partidos políticos, creyendo en la palabra del dictador. Pero, como dice Krauze, nunca mejor dicho le queda el mote al presidente: «don Perfidio».

Creer en la democracia

Ésta es la palabra de don Porfirio Díaz: «Es un error suponer que el porvenir de la democracia en México ha sido puesto en peligro por el largo periodo que ha ocupado el puesto un solo presidente... Puedo decir sinceramente que el puesto no ha corrompido mis ideales políticos y que creo que la democracia es un verdadero y justo principio de gobierno, aun cuando en la práctica es solamente posible para los pueblos que han adelantado mucho... Puedo deponer la presidencia de México sin el menor remordimiento; pero no puedo dejar de servir a mi patria mientras viva... Es un sentimiento natural para los pueblos demócratas el que sus gobernantes cambien a menudo. Yo estoy de acuerdo con ese sentir... Cierto es que, cuando un hombre ha ocupado un puesto elevado y poderoso por mucho tiempo, puede llegar a considerarlo como una propiedad personal; y está bien que los pueblos libres deban precaverse contra las tendencias de la ambición personal. Sin embargo, las teorías abstractas de democracia y la aplicación práctica y efectiva de ellas no son a menudo necesariamente la misma cosa... El porvenir de México está asegurado... Los principios de la democracia no se han implantado lo bastante en nuestro pueblo; es mi temor. Pero la nación se ha desarrollado y ama la libertad. Nuestra dificultad ha sido que el pueblo no se preocupa lo bastante sobre asuntos políticos para la democracia. El mexicano, individualmente y por lo general, se preocupa demasiado de sus propios derechos y está siempre dispuesto a reclamarlos. Pero no se preocupa mucho de los derechos de los otros. Piensa en sus privilegios, pero no en sus deberes. La capacidad para el dominio propio es la base de todo gobierno democrático; y el dominio de sí mismo es posible para aquellos que respetan el derecho ajeno... Sin embargo, creo firmemente que los principios de la democracia han crecido y fructificarán en México.»

Los mexicanos no salen de su asombro. El talante de este hombre es impresionante, igual que sus declaraciones. Porfirio miente, claro, pero los hombres buenos como Madero, tan «ingenuo» y «chiflado», corren advertidos de que la democracia puede ser finalmente una meta alcanzable en este país «bárbaro». Porfirio Díaz se mete en un avispero y no sabe salir. El incisivo periodista Filomeno Mata, director del *Diario del Hogar,* le pregunta mediante una carta al presidente si confirma o desmiente el contenido de la entrevista con Creelman; se niega a contestar categóricamente, anotando sólo que sus declaraciones eran la expresión de su «deseo personal». La retractación era demasiado tardía. A ver ahora cómo para el febril movimiento social y político que se ha creado. Las avispas están más revueltas que nunca.

Mientras son peras o manzanas, el grupo de Flores Magón cree, a diferencia de Madero, que para alcanzar la democracia es necesario armarse y luchar por ella con una carabina 30-30; Madero insiste en que es tan mortal como un discurso encendido para soliviantar a las masas mexicanas para ejercer su derecho al voto. «Creo que, de todos los hombres que viven en la actualidad, el general Porfirio Díaz es el que más vale la pena conocer», asegura Root, el secretario de Estado norteamericano.

James Creelman lo presenta así a sus lectores: «No hay en el mundo una figura más romántica y marcial, ni que despierte tanto interés entre los amigos y los enemigos de la democracia, como la del soldado estadista cuyas aventuras, cuando joven, superaban a las descritas por Dumas en sus obras, y cuya energía en el Gobierno ha convertido al pueblo mexicano de revoltoso, ignorante, paupérrimo y supersticioso, oprimido durante siglos por la codicia y crueldad españolas, en una nación fuerte, pacífica y laboriosa, progresista y que cumple con sus compromisos.»

Madero se enfrentará a este hombre que dice: «varias veces he tratado de renunciar a la presidencia, pero se me ha exigido que continúe en el ejercicio del poder y lo he hecho en beneficio del pueblo que ha depositado en mí su confianza». Díaz se cree indispensable: «El hecho de que los bonos mejicanos *(sic)* bajaran once puntos cuando estuve enfermo en Cuernavaca, es una de las causas que me han hecho vencer la inclinación personal de retirarme a la vida privada.» Admite sin dudar que México es una república que ha adoptado «en la administración de los negocios nacionales una política patriarcal, guiando y sosteniendo las tendencias populares».

«Estoy dispuesto a retirarme»

Conocedor de la política «maquiavélica» de la que habla José López Portillo y Rojas, su lenguaje da una de cal y otra de arena, quiere quedar bien con Dios y con el diablo, que se lea bien en

Norteamérica; hay que transigir, es mejor para tranquilizar las conciencias de propios y extraños:

«He esperado con paciencia el día en que el pueblo mexicano estuviera preparado para seleccionar y cambiar su gobierno en cada elección, sin peligro de revoluciones armadas, sin perjudicar el crédito nacional y sin estorbar el progreso del país. Creo que ese día ha llegado. Cualquiera que sea el sentir o la opinión de mis amigos y partidarios, estoy dispuesto a retirarme cuando termine mi periodo actual, y no volveré a aceptar mi reelección. Tendré entonces ochenta años. Mi país ha tenido confianza en mí y me ha tratado con bondad. Mis amigos han ensalzado mis méritos y han hecho punto omiso de mis defectos. Pero acaso no estén dispuestos a tratar con la misma indulgencia a mi sucesor, y pueda tener, acaso, necesidad de mi consejo y ayuda; por consiguiente, deseo estar vivo cuando se haga cargo del poder, para que pueda yo ayudarle... Yo veré con gusto un partido de oposición en la República Mexicana. Si se forma, lo veré como una bendición, no como un mal. Y si puede desarrollar poder, no para explotar, sino para gobernar, lo sostendré, aconsejaré y me olvidaré de mí mismo, para inaugurar con éxito completo un gobierno democrático en la República. Me basta con haber visto a México surgir entre las naciones útiles y pacíficas. No tengo deseo de continuar en la presidencia. Esta nación está lista para su vida definitiva de libertad.»

Larga conversación y sustanciosa, tiene muchos aspectos por dónde analizarla, al margen de contener sus lógicas contradicciones. Así que, pasado el estupor de los primeros momentos, miembros de aquella clase media que «ya existe», apunta Díaz, corren a formar partidos políticos. Madero, sin pasado político, pero experimentado ya en escaramuzas políticas, tiene ya avanzado un proyecto y, al poder que ostenta el presidente-general, le contrapone el contrapoder, precisamente en la limitación de aquella descomunal fuerza que ha acumulado con los años: la no reelección.

Porfirio Díaz aprovecha una entrevista en un medio de comunicación para lanzar al mundo su deseo de irse; Francisco I. Madero utiliza también las herramientas de la prensa escrita (un libro), para dar a conocer al mundo su proyecto: *La Sucesión Presidencial en 1910.*

Las cartas están echadas sobre la mesa.

Capítulo VI

— La sucesión presidencial en 1910 —

SE AGITA EL AVISPERO

CAPACITADO el pueblo mexicano para la democracia y la pertinente lucha política que conlleva implícita, según las propias palabras del presidente de la República, Porfirio Díaz, el siguiente paso corresponde a los opositores, de dentro y fuera de la esfera del poder. O sea, entre sus amigos y sus enemigos. Brotan nuevas publicaciones periódicas de todos los matices. El porfirista Manuel Calero publica en septiembre de 1908 un folleto llamado *Cuestiones electorales*, donde reconoce que la nación no había entrado en la etapa en que las instituciones funcionan «como la ley dispone». (La ley electoral en vigor establece el sistema indirecto de votación como el norteamericano.) Emilio Vázquez Gómez, que encabeza el primer Club Antirreeleccionista, reedita su folleto de 1890 en oposición a *La reelección indefinida*, haciendo la pregunta: ¿Hacia dónde vamos? Por su parte, Andrés Molina Enríquez publica su estudio *Los grandes problemas nacionales*; Francisco de P. Sentíes, *La organización política de México*; Ricardo García Granados, *El problema de la organización política*... Con tantas publicaciones circulando por todo el país, Madero predijo en noviembre de 1908 que habría aún más acontecimientos «después de que otros libros... sean publicados», es decir, su propio libro: *La sucesión presidencial en 1910*.

Aparece el primer partido político, presidido por Benito Pérez Maza: el Partido Democrático. Los grupos que apoyan a Bernardo Reyes se agitan, al igual que los amigos del anciano general oaxaqueño. Sin embargo, el avispero más activo y organizado es el Partido Antirreeleccionista, que levanta la inquietante bandera de «sufragio efectivo, no reelección».

Por aquellos tiempos Francisco I. Madero trabaja en un libro que llamará *La sucesión presidencial en 1910*, a propósito del gentil exhorto del «cansado» general; la entrevista de Díaz con Creelman sólo acelera las cosas, porque Madero, que no ha perdido sus nexos con los espíritus y sobre todo con el de «José», recuerda que años atrás se le había dictado que escribiera uno, con el que «deben apreciarte tus conciudadanos». Díaz se ha «desnudado» con el periodista norteamericano en marzo, fecha de la aparición de la entrevista; el libro de Madero toma cuerpo entre septiembre y octubre del mismo histórico año: 1908, pero no debe considerarse como consecuencia de la conversación periodística. Madero lleva mucho tiempo trabajando en él, escribiendo casi siempre en español, pero a veces en francés. «José» le alienta con excelentes consejos «de organización intelectual». A falta de tres capítulos finales, el «espíritu» de «José» le confirma los mejores augurios: «Nuestros esfuerzos están dando resultados admirables en toda la República y en todas partes se nota cierto fermento, cierta ansiedad, que tu libro va a calmar, a orientar, y que tus esfuerzos posteriores van a encausar definitivamente. Cada día vemos claro el brillante triunfo que va a coronar tus esfuerzos. Ahora sí podemos asegurarte, sin temor a incurrir en un error, que el triunfo de ustedes es seguro en la primera campaña.»

Para el consejero «espiritual» de Madero, Porfirio Díaz está cansado, no tiene vigor ni fuerza; le dice «José» que las pasiones que le movían al dictador «se han ido amortiguando con los años».

«Ni los que le rodean sienten el apego a su persona que sentían hace algunos años, pues con tanto tiempo en el poder absoluto se ha hecho cada día más déspota con los que le rodean, que le sirven por miedo o por interés, pero no por amor», añade «José». El «espíritu» le impulsa a su vez a mayores responsabilidades y le recuerda que sería un «cobarde» si no advierte a su Patria que se acerca al precipicio: «...Tú has sido elegido *(sic)* por tu Padre Celestial para cumplir una gran misión en la tierra [...]. Es menester que a esa causa divina sacrifiques todo lo material, lo terrenal y dediques todos tus esfuerzos a su valorización.»

Francisco I. Madero sabe que muchos años antes, siendo aún un muchacho, en una tarde junto a su familia, se entretuvo con la tabla de la *ouija*, muy de moda por aquel tiempo; cuando se le interrogó a la *ouija* cuál sería el futuro del joven Francisco, contestó sin dudarlo que él sería presidente de México. Siempre le impresionó aquel vaticinio y durante su viaje a París entra con pie firme en el mundo espiritista hasta los momentos en que, cumplidos los plazos de sus asesores «espirituales», termina su libro, tras entregarse a su hacienda, al aprovechamiento de los ríos, a las obras benéficas, la homeopatía y el espiritismo. Y como muchos hombres de su condición social, que aceptan con resignación la dictadura, esperando con egoísmo que la naturaleza haga su trabajo, confían en una reacción favorable «a los principios democráticos».

Las esperanzas se pierden pronto, cuando Díaz instituye la vicepresidencia de la República, «una manera de establecer la sucesión y de eliminar toda posibilidad de cambio», y al final de cuentas «se impuso, entre silbidos, burlas y siseos, la candidatura oficial de Ramón Corral, amo y político de Sonora y uno de los hombres más odiados de México», escribe Fernando Benítez.

Un parto complicado

De los textos que aparecen gracias a la «apertura democrática» que está dispuesto a hacer efectiva el régimen de Díaz, el que

79

escribe Madero tiene una gestación complicada, sobre todo cuando trata de publicarlo. El autor, un ilustre desconocido en los círculos intelectuales y políticos de la capital mexicana, tiene que hacer mil y una petición a su familia, para que avale su trabajo. Entre tanto, cuando aparece a la luz pública, de su autor sólo se sabe que es un rico hacendado y pertenece a una de las familias más acaudaladas y poderosas del norte del país. En efecto, a pesar de ser un hombre independiente, feliz padre de familia, aún tiene que contar —según está la situación en el país y tomando en cuenta el rico patrimonio familiar— con el visto bueno de su padre y de su abuelo, don Evaristo. Todos se juegan mucho con esa arriesgada jugada del inquieto y joven Francisco.

El prólogo de *La sucesión presidencial en 1910* tiene fecha de octubre de 1908, pero se publica en enero de 1909. La familia adopta una postura: su hermano Gustavo y sus hermanas le apoyan; los padres y el abuelo Evaristo «sólo se convencieron gradualmente a lo largo del desarrollo de los acontecimientos políticos». El abuelo, patriarca del clan de la familia Madero, que era «una inspiración para su idealista nieto», era el «jefe de la oposición», recuerda Stanley R. Ross. Él sabía adónde podía conducirle la actitud de su nieto con la edición del libro. Francisco insiste, quiere el permiso paterno para publicarlo; respetuoso con su forma de ser familiar, quiere la bendición de sus padres para lanzarse a la política. Como afirma Stanley R. Ross, Madero recurre a todo argumento, «y sin descuidar la emoción, suavemente se mantenía entre la independencia y la obediencia». Cree Madero que es necesario sacarlo a la calle, porque se pierde un tiempo precioso. El hijo prevé serias consecuencias si no procede con entera libertad: «Si entro a la campaña con vacilaciones... entonces el fracaso será seguro, no solamente para la causa, sino también para nosotros. Usted sabe que del árbol caído todos hacen leña.» Párrafos de esta correspondencia entre hijo y padre se publican en *El Gráfico*, el 21 de agosto de 1930.

Apela al patriotismo de su padre y le dice que, si él no quiere luchar, «sería porque no está en su naturaleza o en su edad meterse en estos asuntos; sin embargo, usted puede permitirme hacer esto sin ningún obstáculo y sé que usted respetará mis derechos para hacerlo». Lucha también contra las objeciones de carácter práctico de su padre y cree que le juzga porque con su actitud daña sus intereses personales. Por tanto, le escribe que «no se deben considerar las pérdidas personales... cuando se trata... de la patria, para lo que es necesario estar resuelto a sacrificar aun la propia vida». Y como quiere arreglar las cosas con su padre, propone retrasar la publicación del libro hasta diciembre.

Y es aquí donde él y su familia se dan una tregua, para que el padre —le sugiere Madero— hable nada menos que con José Ives Limantour, aprovechando la amistad entre sus familias. Madero quiere que le diga que su actitud política sólo tiene un fin: evitar el ascenso de un nuevo déspota después de la muerte del presidente. Stanley R. Ross intuye que esta posición pretende evitar que el opositor de Limantour (Bernardo Reyes) le haga sombra en sus pretensiones futuras. Si Madero neutralizaba al grupo de Reyes, podría agradar al ministro de Hacienda. Francisco I. Madero demuestra con su actitud que su línea de actuación está muy lejos de abrazar el incierto camino de la lucha armada. Se declara un «demócrata convencido», pero no quiere que se confunda el respeto que siente por el ministro de Hacienda. Le tiene gran «confianza», según Ross, como financiero y estadista. Sin embargo, como «demócrata convencido», apoya al «candidato escogido por la convención democrática».

El libro circula ya, pero en ámbitos restringidos, lo que hace pensar al abuelo Evaristo que seguramente «ya todo el mundo lo conoce». Cree que Francisco se «expone», tratando de ser un redentor, y le dice que «debes saber que los redentores terminan sacrificados». Evaristo ha leído algunos capítulos y se serena un poco, pero cree que dará la impresión de que detrás del texto están las aspiraciones del padre y del abuelo, y llega incluso a dudar que Madero sea el autor del libro. Según Madero, el dictador conoce las posiciones «radicales» de él y por eso cree que «no interpretaría mal» la conducta del resto de la familia. Asegura a su abuelo que peleará «dentro de la ley y sin miedo a las consecuencias».

El intenso intercambio de cartas entre Francisco y su familia, solicitando el visto bueno para su publicación masiva, concluye felizmente el 22 de enero de 1909, en el que recibe un telegrama de su padre, dándole el permiso y sus bendiciones. «Ahora no tengo la menor duda de que la Providencia guía mis pasos y me protege», dijo Francisco I. Madero. El libro sale finalmente a la calle. Pero por los antecedentes en que se gesta y se publica, la conclusión es clara: fue más fácil escribir que obtener el permiso paterno para difundirlo.

La obra

En resumen, el libro es un somero, «sincero» y «valiente» estudio de las condiciones políticas de México. Los temas sociales y económicos apenas asoman en unas cuantas páginas de la obra. Madero se muestra defensor apasionado de la democracia y cree que la libertad política es la panacea para todos los males de la nación. Su estilo es sencillo y directo. Expone que impera el absolutismo en el país, que se desprecia a la Constitución de 1857, no hay libertad ni civismo entre la gente. Las leyes eran letra muerta, el poder legislativo no existe y la prensa no es libre. El pueblo estaba cansado de la simulación democrática y exigía la reivindicación de sus derechos. Valiente ingenuo, que no mide sus pasos, tuvo la audacia de enviarle el libro al presidente Porfirio Díaz, con el objeto de que «reflexionara sobre el tema», escribe Charles C. Cumberland. Pero no es tonto, tuvo cuidado de condenar la revolución como medio de lograr un cambio. Un país tan surrealista y contradictorio no iba a permitir a Madero mayor claridad de la que hace uso; no obstante, da una de cal y otra de arena: elogia y critica al mismo tiempo. Si no llega a ser una obra fundamental en el campo de la filosofía política, en cambio revela al autor como «un hombre idealista, íntegro, sincero, convencido» y ahí está precisamente su fuerza y su valor, que atrae a los «políticamente descontentos».

Lo que Madero proponía era un programa de regeneración moral y política que transformara al vasallo en hombre libre, «a los mercaderes y viles aduladores, en hombres útiles a la patria y en celosos defensores de su integridad y de su Constitución». Por tanto, el pueblo debía luchar electoralmente por la efectividad del sufragio y por la no reelección, a fin de impedir las dictaduras presentes.

La sucesión presidencial en 1910 se vende como pan caliente y pronto alcanza tres ediciones. Dice bien Fernando Benítez que parte del éxito se debe a su «sentido popular», porque respondía a las preguntas que se hacía la «naciente clase media» harta del absolutismo presidencial, la misma clase media que había contribuido a crear el mismo Porfirio Díaz, como le recuerda al periodista James Creelman.

La obra se compone de las siguientes partes:

1.ª Propósitos del autor (a la cual corresponden la *Dedicatoria* y la introducción, titulada: *Móviles que me han guiado para escribir este libro*).

2.ª Situación de México, a la cual corresponden los capítulos I: *El militarismo en México*; IV: *El poder absoluto en México*, precedido del estudio general sobre el absolutismo y sus formas históricas, que constituye el contenido del Capítulo III: *El poder absoluto*.

3.ª Enjuiciamiento del general Porfirio Díaz y su administración (corresponden los capítulos II: *El general Díaz, sus ambiciones, su política, medios de que se ha valido para permanecer en el poder*, y V: *¿Adónde nos lleva el general Díaz?*).

4.ª Reivindicación democrática (corresponden los capítulos VI: *¿Estamos aptos para la democracia?*; VII: *El Partido Nacional Democrático* —así propuesto en la 1.ª edición del libro: 1908—; *El Partido Nacional Antirreeleccionista* —en la 2.ª edición: 1909—, el *Resumen*, las *Conclusiones* y el *Apéndice de la segunda edición*).

El poder corrompe

La sucesión presidencial en 1909 está dedicado «a los héroes de nuestra patria, a los periodistas independientes, a los buenos mexicanos»; como miembro de una familia acomodada y rica, Madero declara que no hay odio familiar ni personal, sino el amor al país, el que le anima a escribir su libro; explica la situación del país y llama a sus compatriotas a formar partidos políticos. El lenguaje de Madero es respetuoso en las formas. Es cortés con el presidente Díaz, y no sabemos si éste lee el ejemplar enviado por el joven impulsivo del norte. Le envía el libro el 2 de agosto de 1909 con una carta: «Para el desarrollo —escribe Madero— de su política, basada principalmente en la conservación de la paz, se ha visto usted precisado a revestirse de un poder absoluto que usted llama patriarcal [...]. La nación toda desea que el sucesor de usted sea la Ley, mientras que los ambiciosos que quieren ocultar sus miras personalistas y pretender adular a usted dicen que "necesitamos un hombre que siga la hábil política del general Díaz" [...].»

> «... Si me he tomado la libertad de dirigirle la presente, es porque me creo con el deber de delinearle a grandes rasgos las ideas que he expuesto en mi libro, y porque tengo la esperanza de obtener de usted alguna declaración, que, publicada y confirmada por los hechos, haga comprender al pueblo mexicano que ya es tiempo de que haga uso de sus derechos cívicos y que, al entrar por esa nueva vía, no debe ver en usted una amenaza, sino un protector; no debe considerarlo como el poco escrupuloso jefe de un partido, sino como el severo guardián de la ley, como la grandiosa encarnación de la patria.»

Carta respetuosa, sin duda, pero en el libro se explaya mejor. «En lo particular, estimo al general Díaz, y no puedo menos de considerar con respeto al hombre que fue de los que más se distinguieron en la defensa del suelo patrio y que después de disfrutar por más de treinta años el más absoluto de los poderes, haya usado de él con tanta moderación; acontecimiento de los que muy pocos registra la historia.»

En otro párrafo, Madero señala: «El general Díaz ha prestado dos grandes servicios a la patria; acabar con el militarismo que ha perdido todo su brillo engañador y su prestigio en treinta años de paz, y borrar los odios que dividían a la gran familia mexicana por medio de su hábil y patriótica política de conciliación, pues, aunque él se haya apoyado en esta política para conservar el poder, no por eso pierde su mérito, sino que, al contrario, da testimonio de él el éxito obtenido.» En otra parte de su introducción, Agustín Yáñez dice que conmueve advertir «el esfuerzo de un hombre hasta entonces consagrado a cuidados agrícolas y mercantiles, ajeno a los secretos de la expresión, que lucha por hallar formas exactas para hablar al pueblo sin exacerbar a los poderosos ni ahuyentar a los asustadizos; no es que vacile su valor —rayano en la temeridad; según eran las condiciones implantadas por la dictadura, el valor cívico constituye una de las notas constantes más admirables del libro, que más tarde habría de ser comprobado en el campo de la acción—, pero el arrojo debe ser fecundo...».

En cuanto al manuscrito, Agustín Yáñez escribe en la introducción al libro de Madero que «los procedimientos caligráficos permiten entender las vacilaciones de redacción, los términos rehechos, las diferencias de sentido o de matiz expresivo introducidas por las sustituciones y tachaduras, los motivos y frecuencia de intercalaciones, muchas de las cuales ocupan larga sucesión de páginas adicionales». Así, además de los datos grafológicos, el texto resulta «un documento inapreciable para comprender el carácter del autor y la génesis de la obra».

Madero evita en el manuscrito las frases excepcionalmente duras contra el Gobierno, pero también elimina las que podrían ser interpretadas como muy adulatorias para el presidente. «Se evita algo de la confusión por la distinción que Madero establecía entre el gobernante y el sistema...», apunta R. Ross. En cualquier caso, Madero mira a Díaz como un hombre arrastrado constantemente por una idea fija: la de alcanzar el poder y retenerlo por todos los medios. En la segunda parte del libro, se ocupa del poder absoluto que «corrompe a quienes lo ejercen y a quienes lo sufren». Es evidente que, a pesar de todo, Madero no se fía pero al fin, imbuido de contradicción, piensa que el candidato a las próximas elecciones debe salir del Partido Nacional Democrático, es decir, de «entre los miembros de la administración porfirista, para demostrar —como dice Silva Herzog—, la falta de ambiciones personales y de espíritu de oposición sistemática...». Como el horno no está para hacer pastelitos, Madero va modificando sus ideas, radicalizándose ante los acontecimientos.

LA CAMPAÑA ELECTORAL

Los programas

El libro de Madero plantea dos cuestiones: ¿Estaban los mexicanos preparados para la democracia? ¿Toleraría el Gobierno la acción democrática? Todo eso está por ver. Entonces Francisco I. Madero hace un llamamiento para la formación de un Partido Antirreleccionista, basado en los principios de libertad, de sufragio libre y no reelección, y concluye diciéndole al presidente: «Usted no es capaz de encontrar un sucesor más digno de usted... que la ley.»

Madero quiere ganar adeptos y empieza a recorrer caminos, mientras en la trinchera opuesta reaparecen las figuras de los «científicos», encabezados por José Ives Limantour, la «débil» facción de Bernardo Reyes, ex secretario de la Guerra y ex gobernador de Nuevo León, y la de Ramón Corral, sucesor oficial del dictador.

Así, el Partido Democrático elige a Bernardo Reyes como su candidato. Su manifiesto recuerda que en México no se respeta la vida ni hay libertad; ni las leyes de la Reforma ni la Constitución se aplican, los municipios son todo menos libres y el poder judicial no es independiente. El viejo general tenía «una popularidad superior a la calculada por Díaz». «De hecho, todo el país se transformó en reyista», recuerda Benítez, pero a Díaz no le hizo mucha gracia. Así que, en su papel de Maquiavelo, el presidente enfila sus baterías contra un Reyes «demasiado domesticado y vacilante para aceptar la lucha abierta que le ofrecía el Partido Democrático». El resto es conocido: le quita mando, autoridad, y le encarga —y acepta— una vaga comisión militar en Europa. Lo que podría considerarse un premio, en otras circunstancias, a todas luces se traduce en un castigo, un enemigo menos o, por lo menos, un estorbo en el que no hay que pensar. En otros tiempos, Bernardo Reyes desmentía al presidente que él aspirara a «ninguna candidatura» (elecciones de 1904) y que, al contrario, le «allanaría» a Díaz «sus combinaciones». Como dice Luis González, deja a sus partidarios en la estacada. Que no son pocos: obreros, la clase media y en especial jefes y oficiales del ejército. Un desastre. Bernardo Reyes sólo tiene esta disyuntiva: obedecer o levantarse en armas. Y opta por lo primero, el destierro. Con el exilio forzoso, Díaz se vengaba de sus triunfos, de su «imperdonable popularidad y de la ofensa inferida a su carácter sacrosanto». Pero Reyes no está muerto... aún. Benítez escribe que «con un desprecio soberano exhibió su impotencia y unos años más tarde la condenación habría de alcanzarle, sumiéndolo definitivamente en la tragedia y en el desprestigio».

A estos demócratas, sin embargo, les da pánico; a las primeras de cambio, y para evitar la ira presidencial, tiran la toalla, ante las duras circunstancias de imponerse la fórmula Díaz-Corral, como candidatos a presidente y vicepresidente. Qué rápido se le olvidan al anciano general sus promesas a la prensa norteamericana. Los reyistas proponen al general como vicepresidente y a Porfirio Díaz como presidente. Díaz es el indiscutible; el juego está en la vicepresidencia. La fórmula ganadora se perfila sin rubor: Porfirio Díaz-Ramón Corral. Depurado el panorama, el Club Reeleccionista, que, como dice José López Portillo y Rojas, está formado por «los científicos más connotados, los católicos más fervientes, los ricos de todos los matices y hasta parientes cercanos del candidato antirreeleccionista», lanzan a sus dos gallos: el incombustible Díaz y su fiel acompañante, Corral.

Enfrentados antirreeleccionistas con reeleccionistas, no hace falta ser un experto para darse cuenta qué se juega en las elecciones: continuidad o cambio.

El Club Central Antirreeleccionista, fundado el 22 de mayo de 1909 con medio centenar de personalidades, aglutina a nombres de mucho peso. Son relativamente pocos, pero selectos: Francisco I. Madero, Francisco de P. Sentíes, José Vasconcelos, Francisco y Emilio Vázquez Gómez, Filomeno Mata, Luis Cabrera, Paulino Martínez, Alfredo Robles y Paulino Martínez. El programa básico tiene el lema de «efectividad del sufragio y no reelección». Preside el club Emilio Vázquez Gómez, a petición de Madero (nombrado vicepresidente), quien le enseña sus cartas, un manifiesto que se encarga de moderar Vázquez Gómez, porque «ese manifiesto —dice— no servía para formar un partido político, (sino) para que entraran en la cárcel todos los firmantes inmediatamente que saliera a la luz...». Le recomienda «serenidad» y «formar unas bases breves, pero sustanciosas, serias y de un partido permanente».

Configurada la plataforma política, los opositores a la reelección proclaman que «la consolidación de la nacionalidad mexicana sólo podrá conseguirse por medio de la participación del pueblo en el gobierno». La reelección indefinida es nociva para las libertades del pueblo, recordando que «la manera de evitar la pérdida de los derechos políticos era ejercitarlos».

El 15 de abril de 1910 se lleva a cabo la Convención Nacional Independiente de los Partidos Aliados Nacional Antirreeleccionista y Nacionalista Democrático. Ahí se elige a Madero candidato a presidente y a Francisco Vázquez Gómez como vicepresidente; podían ganar o perder (más de lo segundo que de lo primero), pero Vázquez Gómez, al aceptar su candidatura, afirma que «para que la actual política mexicana prospere, para que sea respetada por los pueblos que nos contemplan... necesita ser honrada, es indispensable que sea sincera, necesita ser franca y necesita ser leal». El 20 de abril presentan su programa de gobierno y dicen que están dispuestos a «restablecer el imperio de la Constitución, haciendo efectivos los deberes y los derechos que ella prescribe, así como la independencia de los poderes de la Federación y la responsabilidad de los funcionarios públicos».

En seguida planteaban la necesidad de lograr la reforma constitucional para establecer el principio de la no reelección; la modificación de la Ley Electoral con el fin de garantizar la efectividad del sufragio; lograr hacer real la libertad de escribir y mejorar la educación pública.

Vázquez Gómez no es partidario de la lucha armada, el cambio con violencia; hay que dejar las cosas como están, ya mejorarán, «ya morirá el dictador». Es pesimista. Madero es un poco menos, aunque no pretende cambiar las relaciones de producción que ha impuesto Díaz. Sin embargo, Francisco I. Madero está dispuesto a dar un paso hacia delante y, ya en prisión, le escribe al doctor Vázquez Gómez que «me parece indecoroso e inconveniente entrar en arreglos mientras me encuentro preso».

Agrega: «yo creo que no es posible arreglo ninguno pues nuestro partido no quedará satisfecho sino siendo el vicepresidente uno de nosotros, en cuyo caso yo me empeñaría fuese usted («Madero sabe manejar la mano izquierda», escribe Heberto Castillo), pero, le repito, mientras me encuentro preso no quiero entablar ninguna clase de negociaciones». Madero decía entonces, señala Heberto Castillo, en su *Historia de la Revolución Mexicana escrita en Lecumberri*, conformarse con la vicepresidencia, «pero no podía olvidar su experiencia electoral, ni menospreciar el apoyo que el pueblo le había dado. Por eso dice al doctor desde la prisión el 24 de junio de 1910: "La nación desea un cambio radical y, ahora que tiene grandes esperanzas de lograrlo, no se contentará con la nueva fórmula que le propone." Que era, sin duda, una apreciación justa».

Los opositores a la reelección sacan a la calle en junio de 1909, dirigido por «el impetuoso» filósofo José Vasconcelos, el primer número de *El Antirreeleccionista*, que sólo fue semanario durante un mes. A partir del segundo número lo dirige Félix Fulgencio Palavicini, hasta que lo cierran las autoridades. Sin embargo, las alianzas entre los descontentos con el régimen suman cada vez más adeptos, y en torno a Díaz se cierran filas. El régimen tiene

entonces que echar, ante la ofensiva política que se le viene encima, todos sus recursos. La campaña que realiza Francisco I. Madero
por todo el país les desconcierta. Hay que pararlo.

Madero recorre veintidós estados

Madero ofrece a la sorprendida población campañas al estilo norteamericano. Nadie había contemplado en el país nada parecido. El abuelo Evaristo resume el panorama que da su nieto:
«Es la lucha de un microbio contra un elefante.» El presidente
Díaz le desprecia; está loco, dice, es un chiflado. El verdadero
opositor dentro del sistema aprende tácticas militares y observa
armamentos europeos. Está fuera de combate, mientras el avispero que levanta a su paso Madero incomoda cada vez más al
presidente.

Impresiona la vitalidad del candidato Madero. En 1910 tiene
treinta y siete años y Porfirio es un octogenario. La primera gira
de Madero es por Veracruz, Progreso, Mérida, Campeche, Tampico,
Monterrey y San Pedro de las Colonias. A su paso levanta ánimos
y siembra clubes antirreeleccionistas... La segunda gira le lleva por
Querétaro, Guadalajara, Colima, Mazatlán, Culiacán, Navojoa,
Álamos, Guaymas, Hermosillo, Nogales, Ciudad Juárez, Chihuahua (donde conoce a Pancho Villa). A Madero le ha gustado
viajar. La tercera gira pasa por Durango (desacertadamente elogia ahí la política de conciliación de Díaz), Zacatecas, Aguascalientes y San Luis Potosí.

Madero ha cubierto buena parte del territorio nacional y, como
parecía obvio, el régimen usa sus resortes para presionar a la familia del candidato antirreeleccionista, al patriarca Evaristo y al
mismo Francisco, al que se acusa penalmente de «robo de guayule» y se dicta contra él una orden de aprehensión que no llega
a cumplirse, entre otros motivos, por la intercesión del ministro
de Hacienda, Limantour. Francisco I. Madero, por si acaso, desaparece del mapa, para evitar males mayores.

Francisco I. Madero aprovecha también la corriente de opinión favorable a Bernardo Reyes, es decir, «el impulso del reyismo sin Reyes», y en abril de 1910, en el acto de la Convención del Partido Antirreeleccionista, advierte de la gravedad de hacer un fraude electoral: «La fuerza será repelida por la fuerza.»

Esta posición radical tiene su origen en una reunión previa que Madero ha sostenido con el presidente de la república, Porfirio Díaz. El encuentro fue sólo un día antes de la Convención y, si se observa la trayectoria que Madero ha seguido hasta este momento, sin duda se trata de un cambio sustancial. Hasta momentos antes de la entrevista con Porfirio Díaz, Madero mantiene su posición de impulsar cambios por medios pacíficos, democráticos y electorales.

«No se puede hacer nada con él», pensó Madero. Y además pide garantías, nada menos que al dictador, quien no tiene mala conciencia cuando le responde que «tuviera confianza en la Suprema Corte».

Madero contesta a Díaz con buen humor, ante la macabra sugerencia del presidente, con una «franca carcajada». A Adrián Aguirre Beltrán le confió las impresiones de su entrevista:

«Te aseguro que el general Díaz me causó el efecto de estar completamente decrépito; no le encontré ninguna de las cualidades que le encuentran quienes le han entrevistado, pues ni me pareció imponente, ni hábil, ni nada. Por el contrario, tuve la oportunidad de "'semblantearlo" por completo. Conocí todos sus proyectos hasta los que tiene para dentro de unos dos o tres años, mientras que él no supo nada de los nuestros [...]. No me impresionó absolutamente la entrevista que tuve con él y que más bien él ha de haber estado convencido de que no logró imponérseme y que no le tengo miedo. El general Díaz ha comprendido por fin que sí hay ciudadanos bastante viriles para ponerse frente a frente. Porfirio no es gallo; sin embargo, habrá que iniciar una revolución para derrocarlo.»

El candidato opositor tiene ganas, convicción, de triunfo. No le teme tampoco; al lado del presidente, no se deja impresionar y, al contrario, le ve decrépito. Aquí no descubre nada nuevo, porque el presidente es un hombre octogenario y, para aquellos tiempos, pasar de los ochenta años era, además de un triunfo (según las estadísticas de mortalidad en México), una especie de Matusalén mexicano. Madero vuelve a su campaña electoral, la cuarta, por Puebla y Veracruz, y en Río Blanco, de infaustos recuerdos en la lucha obrera prerrevolucionaria, Madero insiste en su discurso liberal, les dice a los obreros que conoce sus reclamos, quieren libertad y que se respeten sus derechos y les exhorta a que demuestren al mundo entero «que vosotros no queréis pan, queréis únicamente libertad, porque la libertad os servirá para conquistar el pan».

De Veracruz viaja a Guanajuato, a Jalisco y a la ciudad de México; lleva entre su equipaje el discurso liberal por el que muchos mexicanos han luchado en el siglo XIX, durante las guerras de Reforma y durante la invasión francesa. Y ante ese discurso, vigoroso (Madero tiene treinta y siete años), los mexicanos se entusiasman, hasta que, a principios de junio de 1910, emprende la que sería su quinta gira proselitista. En Saltillo y San Luis Potosí, las autoridades dan una vuelta de tuerca a la presión contra Madero y por fin, en Monterrey, deciden detenerlo.

Por órdenes directas del presidente o por sus subordinados, poco importa saber de quién parte la orden de parar su campaña política, le hacen prisionero del régimen. En todo caso, la acción demuestra que Díaz y su régimen actúan tardíamente (Madero ha recorrido veintidós estados de la República y ha sembrado un centenar de clubes antirreeleccionistas) y demuestran que han perdido facultades. A Madero le trasladan a San Luis Potosí, pero, perdida la libertad de acción, su mente y su discurso siguen en constante movimiento y en entera libertad. Así le escribe al presidente Díaz:

«Con esa actitud se demuestra que usted y sus partidarios rehúyen la lucha en el campo democrático porque comprenden que perderían la lucha. La nación no quiere ya que usted la gobierne paternalmente, como dice que pretende gobernarla.»

Así pues, con el candidato Francisco I. Madero detenido, la mancuerna Díaz-Corral no tiene rival y las elecciones de julio de 1910 le dan la victoria. Porfirio Díaz se prepara, tras el fraude electoral, a gobernar México por octava ocasión.

Capítulo VII

— De la prisión de San Luis a la Revolución —

EL FIN DE LA VÍA DEMOCRÁTICA

L AS palabras de Porfirio Díaz se las ha llevado el viento: «He esperado con paciencia el día en que el pueblo mexicano estuviera preparado para seleccionar y cambiar su gobierno en cada elección, sin peligro de revoluciones armadas [...] y sin estorbar el progreso del país. Creo que ese día ha llegado [...]. Estoy dispuesto a retirarme [...] y no volveré a aceptar mi reelección.»

Pero 1908 no es 1910. El movimiento social que se creó a raíz de su entrevista con James Creelman ha provocado un avispero imposible de parar. El enemigo del régimen no es un ejército de hombres bien armados, sino la candidatura de un hombre joven, de mediana altura, con patrimonio digno de las mejores familias de postín en México; riqueza que, por cierto, el clan familiar de Madero pone a buen recaudo, traspasando a otros sus bienes, ante la previsible ofensiva de las autoridades. Un loco chiflado se le ha subido a los bigotes de Díaz y le molesta infinitamente; al principio, Díaz le ignora, luego le teme y después encarcela. Francisco I. Madero está detenido y parecen increíbles los argumentos y connotaciones en que se produce la entrevista de James Creelman y el presidente de México, Porfirio Díaz, y que, con el estilo personal de aquellos dos (la semblanza del presidente y sus respuestas) transcribe el escritor José López Portillo y Rojas, en *Elevación y caída de Díaz Porfirio*:

La entrevista Díaz-Creelman

«Desde la prominencia del castillo de Chapultepec contemplaba el presidente Díaz la venerada capital de su país, que se extiende sobre una vasta llanura rodeada de montañas imponentes, mientras que yo, que había realizado un viaje de cuatro mil millas desde Nueva York, para ver al héroe y señor del México moderno, al hábil conductor en cuyas venas corren mezcladas la sangre de los aborígenes mixtecos con la de los invasores españoles, admiraba con interés inexplicable aquella figura esbelta y marcial, de fisonomía dominante y al mismo tiempo dulce. La frente ancha coronada de níveos cabellos lacios; los ojos oscuros y hundidos, que parecen sondear nuestra alma, se tornan tiernos por momentos, lanzan miradas rápidas a los lados, se muestran ya terribles y amenazadores, ya amables, confiados o picarescos; la nariz recta y ancha con ventanillas que se dilatan o se contraen a cada nueva emoción, fuertes quijadas que se desprenden de unas orejas grandes, bien formadas, pegadas a la cabeza y que terminan en una barba cuadrada y viril; una barba de combate; la boca firme que esconde bajo el bigote blanco; el cuello corto y musculoso; los hombros anchos, el pecho levantado; el porte rígido imparte a la personalidad un aire de mando y dignidad; tal es Porfirio Díaz a los setenta y siete años, como lo vi hace pocos días de pie, en el mismo lugar en donde cuarenta años antes esperaba con firmeza el final de la intervención de la monarquía europea en las repúblicas americanas, mientras su ejército sitiaba la ciudad de Méjico y el joven emperador

Francisco I. Madero y su sobrina Carolina Madero, ca. 1902. Col. particular
(Petra Garza Madero de Romo).

Francisco I. Madero. Foto F. L. Clarke. AGN.

Francisco I. Madero con su secretario particular, Juan Sánchez Azcona, 1911.
Fototeca del INAH.

Francisco I. Madero llega al Palacio Nacional al enterarse del golpe de estado contra su gobierno (decena trágica) el 9 de febrero de 1813. Fototeca del INAH.

Francisco I. Madero a su llegada a la ciudad de Cuernavaca, escoltado por jefes del Ejército del Sur (Zapata en el extremo derecho), 1911. Fototeca del INAH.

Francisco I. Madero con miembros de su gabinete, 1912. Fototeca de INAH.

Francisco I. Madero con Pino Suárez.

Boda de Francisco I. Madero y Sara Pérez, 1903. Col. Particular
(Petra Garza Madero de Romo).

Maximiliano moría en el campo de Querétaro, más allá de las montañas que se levantan hacia el norte.

Algo magnético en la mirada serena de sus grandes ojos oscuros, y en el aparente desafío de las ventanillas de su nariz, trae a la imaginación cierta misteriosa afinidad entre el hombre portentoso y el inmenso panorama que se extiende a la vista.

No hay en el mundo una figura más romántica y marcial, ni que despierte tanto interés entre los amigos y los enemigos de la democracia, como la del soldado estadista cuyas aventuras, cuando joven, superaban a las descritas por Dumas en sus obras, y cuya energía en el gobierno ha convertido al pueblo mexicano, de revoltoso, ignorante, paupérrimo y supersticioso, oprimido durante varios siglos por la codicia y la crueldad españolas, en una nación fuerte, pacífica y laboriosa, progresista, y que cumple sus compromisos.

El general Díaz ha gobernado la República de México durante veintisiete años con tal poder, que las elecciones nacionales han venido a convertirse en mera fórmula. Bien pudiera haber colocado sobre su cabeza la corona imperial. Sin embargo, ese hombre sorprendente, primera figura del continente americano, hombre enigmático para los que estudian la ciencia de gobernar, declara ante el mundo que se retirará de la presidencia de la República a la expiración de su periodo actual, para poder ver a su sucesor pacíficamente posesionado, y para que con su cooperación pueda el pueblo mexicano demostrar al mundo que ha entrado, de manera pacífica y bien preparado, en el goce completo de sus libertades; que la nación ha salido del periodo de las guerras civiles y de la ignorancia y que puede escoger y cambiar gobernantes sin humillaciones ni revueltas.»

Éstas son algunas de las descripciones del periodista norteamericano sobre el «hombre que ha transformado una república —dice Creelman— en país democrático». Periodista y presidente se han situado en un entorno espectacular; debe ser así porque Creelman viene de la agobiante atmósfera de Wall Street, en la que se desenvuelve, para ocupar aquella tribuna, a las «agrias rocas de Chapultepec», para contemplar, no ya los enormes edificios que empiezan a poblar Nueva York, sino «un paisaje de belleza casi fantástica».

Además de la rica descripción del observador extranjero con respecto a su famoso entrevistado, Díaz va al grano en sus respuestas y no cree que en el largo tiempo que lleva tirando de las riendas de un país bronco y complicado como México «se haya puesto en peligro por la continua y larga permanencia de un presidente en el poder». De entrada, la semblanza de Creelman contrasta, dos años después, con la que hace un molesto candidato a ocupar la silla presidencial de la República: es un viejo decrépito, dice Francisco I. Madero. El encuentro de Díaz con el chiflado Madero se produce con la mediación de Teodoro Dehesa, gobernador de Veracruz.

> «Puedo separarme de la presidencia de Méjico sin pesadumbre o arrepentimiento; pero no podré, mientras viva, dejar de servir a este país», dice Díaz, contemplando, como el periodista, paisajes asombrosos, los volcanes «coronados de nieve» o «el verde esmeralda del paisaje, la azulosa cadena de las montañas, la diafanidad, pureza y perfume del ambiente que parecían excitarle...».

En efecto, lo que ve Díaz (y también Creelman) es un país de ensueño, sobre la roca «gris» de Chapultepec; quizá por eso no pudo ver que, a ras del suelo, la realidad era otra. Díaz vive entre nubes y Madero le hará bajar, como aseguran que bajaban a los indios de los cerros, a tamborazo limpio. Mejor dicho, a tiro limpio.

> «—Sabrá usted —le dije— que en Estados Unidos nos preocupamos hoy por la reelección de presidente para un tercer periodo.
> Sonrió ligeramente, púsose serio, movió la cabeza en señal de afirmación, y en su semblante lleno de inteligen-

cia y firmeza apareció una expresión de supremo interés, difícil de describir.

—Sí, sí, lo sé —me contestó—: Es muy natural, en los pueblos democráticos, que sus gobernantes se cambien con frecuencia. Estoy perfectamente de acuerdo con ese sentimiento.»

Los Estados Unidos, en efecto, dice bien el periodista, siempre se han preocupado por sus vecinos mexicanos; demasiado quizá. Así que Creelman añade que Díaz ha gobernado «con un poder desconocido para muchos monarcas. Sin embargo, hablaba con la convicción y sencillez del que ocupa un alto y seguro puesto, que le pone a cubierto de toda sospecha hipócrita».

«Es cierto —continuó— que cuando un hombre ha ocupado un puesto, investido de poder por largo tiempo, puede llegar a persuadirse de que aquel puesto es de su propiedad particular, y está bien que un pueblo libre se ponga en guardia contra tales tendencias de ambición personal; sin embargo, las teorías abstractas de la democracia y la práctica y aplicación efectiva de ellas son a menudo necesariamente diferentes; quiero decir, cuando se prefiere la sustancia a la forma.»

Larga entrevista, en efecto, y Díaz recomienda que si el pueblo norteamericano quiere reelegir al presidente Roosevelt, que lo haga. Pero en el caso de México, «... las condiciones han sido muy diferentes. Yo recibí el mando de un ejército victorioso, en época en que el pueblo se hallaba dividido y sin preparación para el ejercicio de los principios de un Gobierno democrático. Confiar a las masas toda la responsabilidad del Gobierno hubiera traído consecuencias desastrosas, que hubieran producido el descrédito de la causa del Gobierno libre».

«Sin embargo, aunque yo obtuve el poder primitivamente del ejército, tan pronto como fue posible se verificó una elección y el pueblo me confirió el mando; varias veces he tratado de renunciar a la presidencia, pero se me ha exigido que continúe en el ejercicio del poder, y lo he hecho en beneficio del pueblo que ha depositado en mí su confianza...».

El presidente Díaz sigue inspirado, sin duda, cuando afirma que «para evitar el derramamiento de torrentes de sangre fue necesario derramarla un poco. La paz era necesaria, incluso una paz forzosa, para que la nación tuviese tiempo para pensar y para trabajar...».

De ahí quizá, una vez que está dispuesto a «sacrificarse» otra vez por la patria, Madero o el sistema, decide que es mejor detener a ese «loco» peligroso (porque, como dice la prensa porfirista, en efecto, había que estar loco para enfrentarse con la recia figura, prestigiada, respetable y heroica del presidente Díaz), antes de derramar sangre. Sin embargo, la detención de Madero va a generar, precisamente, la sangre que no quiere el propio candidato, en principio.

La dictadura se bambolea

Jesús Silva Herzog apunta que a mediados de 1910 muchos habitantes de México creen que el régimen de Díaz sigue firme, pero Madero se encarga de llevarles la contraria. Así lo hizo en su mitin del 22 de mayo en Orizaba, Veracruz: «El edificio de la dictadura ya se bambolea, ya vacila, ya está próximo a derrumbarse y no podrá resistir el primer embate del pueblo.»

El pensamiento clásico liberal de Madero, que le hace decir ante los obreros textiles de Veracruz que ellos no quieren pan, sino libertad, porque «la libertad os servirá para conquistar el pan», demuestra a muchos analistas que el aspirante a presidente sólo quiere un estado que ofrezca «seguridad» y que debía dejar hacer y dejar pasar «en todo lo concerniente a la vida económica y social, limitándose a garantizar la propiedad y la libertad», en palabras de Silva

Herzog. «Olvidaba —añade el historiador— los cambios profundos registrados en las naciones más adelantadas, consecuencia inevitable del progreso de la ciencia aplicada y de nuevos conceptos sobre el hombre, la sociedad y el universo.» Esto es, no olvidar los aspectos económicos y sociales.

Madero, mientras tanto, cree en su victoria. Recorre el país y detrás de él no sólo deja la siembra de partidarios, sino la inquietud del régimen porfirista, reforzando cada vez más sus actitudes antidemocráticas, poniendo piedras en su camino y a su vez irritando a Madero y a sus correligionarios. O sea, la campaña electoral de Madero y las constantes represiones del régimen van elevando, en espiral, la tensión política en el país. No obstante, las críticas de Silva Herzog contra Madero son conocidas, porque «desde un principio no pudo entender los problemas fundamentales de México», no puede, dice en su célebre *Breve historia de la Revolución Mexicana*, reconocer las causas «del mal y equivocó el diagnóstico y el tratamiento».

El idealismo de Madero y su formación como hombre acaudalado le condicionan, sin duda, en la visión que tiene del país; pero con su actitud acelera luego otras fuerzas que contribuyen a la formación de nuevas concepciones para México, empezando por asumir, personalmente, la necesidad de la lucha armada.

Francisco I. Madero es detenido

Acompañado de su esposa y Roque Estrada, Madero se dirige la noche del 3 de junio de 1910 a Monterrey, para continuar su campaña electoral, la última que hace antes de ser detenido. Las elecciones presidenciales, según la ley, debían verificarse a fines del mismo mes. La demostración de su popularidad en aquella ciudad fue suficiente y definitiva prueba para las autoridades. La policía interviene «sin ningún disimulo». Madero y Estrada son aprehendidos a petición del juez de Distrito de San Luis Potosí, acusados de incitar al pueblo a la rebelión. Se les llevó días después a San Luis Potosí y encerrados en la prisión estatal durante cuarenta y cinco días; obtuvieron la libertad bajo fianza y con la ciudad por cárcel el 22 de julio. Las gestiones para su liberación bajo fianza las realiza su padre, con la influencia de su amigo el ministro de Hacienda, José Ives Limantour. La familia deposita por Francisco diez mil pesos y por Roque sólo cinco mil. El fiador de la operación es, según Silva Herzog, el rico minero Pedro Barrenechea.

Como recuerda Brian Hamnett, el ejercicio político no dependía del respeto a la Constitución, «sino de los acuerdos personales con el general Díaz», con lo cual, ante el real desafío que presenta Madero, el régimen se «bambolea» sobre todo porque el anciano general no tiene fuerzas para oponérsele. En principio, habría que aceptar el tópico popular de que, «muerto el perro, se acabó la rabia». Los acuerdos personales, la red de beneficiados por el sistema, cuando ven la dureza opositora, pierden la confianza y dejan solo al dictador, que se rinde a las primeras de cambio. Treinta y cuatro años de poder porfirista se vienen abajo en pocos meses.

Y con ese objetivo, Madero echa a andar la maquinaria de la revolución armada.

EL PLAN DE SAN LUIS

Recoger lo sembrado

Durante su detención, Díaz y Corral obtienen el triunfo en las elecciones, pero la desconfianza en el país es evidente. La amenaza de una lucha armada y la inestabilidad económica que lleva implícito alarma a los dueños de propiedades y beneficiarios del desarrollo económico. Se contemplaba un negro panorama, pues los grandes capitales creen que la combinación de «manipulación popular y represión selectiva» parece insuficiente para proteger sus intereses. La movilización popular, en resumen, amenaza la modernización lograda desde la década de 1880. Dicho temor es compartido «por toda la elite, prescindiendo de su lealtad porfirista o revolucionaria». «Por esta razón —escribe Brian Hamnett— los nuevos grupos de poder que surgieron durante la década de 1910, primero a escala estatal y luego nacional, se mostraron determinados a contener o subordinar los movimientos populares para conservar y extender los avances económicos heredados del desacreditado régimen porfirista.»

Esta circunstancia se hace evidente, como afirma Carlos Fuentes, cuando después del asesinato de Madero se precipite la «verdadera revolución».

Madero, sin embargo, hará «su revolución», a partir de su detención en San Luis Potosí y, sobre todo, a la realidad que han visto sus ojos, desde que se echa a los caminos. «Andadas muchas villas y ciudades, y escaladas las montañas y navegados los mares y los ríos, y atravesados los desiertos y las ciénagas, en un pintoresco pueblo ribereño azotado por la lluvia, calado el fieltro de ala ancha, perora un hombre desde su coche a la embestida multitud. No es el vendedor de baratijas o de la medicina que cura todas las enfermedades o la sustancia que borra toda mancha. Es el apóstol que limpia de máculas el patriotismo y en quien clava la mirada un jefe de polizontes.»

Así lo describe Manuel Márquez Sterling en su libro *Los últimos días del presidente Madero*. Y es, en efecto, su actitud y la del pueblo llano con la que sintoniza, las que se lanzan a la revolución, porque una revolución necesita hombres que empuñen las armas, no bastan las palabras. Así que Francisco I. Madero, para hacer «su» revolución, necesita que los oídos que escuchan sus discursos recojan las semillas que siembra. Además de su carismática actitud en el campo de los antirreeleccionistas, Madero tuvo a favor, para ser nominado candidato a presidente, que tenía recursos económicos suficientes para moverse por el país. Como asegura Charles C. Cumberland, el partido no podía permitirse financiar una campaña larga, como la que hizo Madero. Compañeros como Emilio Vázquez Gómez, José Vasconcelos o Filomeno Mata, eran profesionales cuya existencia dependía de su trabajo; «no tenían ni el tiempo ni el dinero necesario para dedicarse completamente a la política». Madero, en este caso, tuvo poco apoyo en cuanto a oradores; por ese motivo, entre otros.

Para ello, además, superada la fase preelectoral y electoral, elabora un plan que pone por título el de la ciudad en que no sólo está detenido, sino donde lo concibe: el *Plan de San Luis*, en el que, sin recovecos, convoca a los mexicanos a la revolución, para derrocar a la tiranía. Es una convocatoria beligerante, a favor de la lucha armada, advierte. Tiene la virtud, dicen algunos, de que suscita el levantamiento popular en el día y hora convenidos: el 20 de noviembre a las seis de la tarde. Esa «virtud» no es más que una característica del surrealismo y contradictoria actitud mexicana de ver el mundo, desde que los primeros pobladores, hace unos veinte mil años, pisaron suelo mexicano. ¡Convocar una revolución armada a fecha y hora fija nunca se ha visto en el mundo, sólo en México! Tampoco es sorprendente, acostumbrados a ello no sólo los propios mexicanos, sino el mundo que lo contempla. Lo admirable es que a aquel *loco chiflado* le hicieran caso, incluso antes de aquella fecha, con lo cual quiere decir que las condiciones objetivas para derribar a Díaz estaban claras como el agua. No obstante, él se empeña en recordar a sus amigos que «pueden tener la seguridad de que no flaquearé ni un solo momento», a pesar del revés electoral y su prisión.

En la entrevista con el presidente Díaz, Madero intenta modificar su actitud beligerante, a costa, incluso, de renunciar a su candidatura, pero al mismo tiempo advertía que el pueblo «ya no permite que (sus derechos) sean burlados...». «Madero —escribe Cumberland— no era tan ingenuo como para creer que el dictador cumpliría su promesa de una elección completamente libre, ni tan optimista como para esperar que la opinión pública le impusiera su cumplimiento. En el terreno de la política práctica, para él hubiera sido ventajoso llegar a algún acuerdo, aun al precio de posponer la solución total.»

Los primeros hechos violentos

La idea de un presidente (Díaz) con otro que no fuera vicepresidente afín al porfirismo planteaba en teoría la transición «democrática» sin violencia, es decir, con la muerte del dictador, el vicepresidente (de la oposición o menos comprometido con el régimen) alcanzaría la presidencia y a partir de ahí México entraría en otra vía menos traumática. Esta circunstancia, planteada en el terreno teórico, no llega a fructificar. Sólo queda la vía de las elecciones, con los impedimentos del régimen para Madero y los suyos. El camino sin embargo no es fácil, porque los periódicos de oposición son clausurados y por todo el país, especialmente en Puebla, Veracruz, San Luis Potosí, Coahuila, Sonora, Sinaloa y Jalisco, son arrestados los partidarios de Madero, incluyéndole a él. Por lo menos unos cinco mil seguidores del candidato opositor estaban encarcelados el día de la elección (26 de junio), según Taracena, y la cifra aumenta hasta «sesenta mil prisioneros» en la elección secundaria del 10 de julio.

Entre los conflictos más graves hay que citar los del 4 de junio en Yucatán, cuando un grupo de mil quinientos hombres se rebela contra el Gobierno del estado y se apodera de la ciudad de Valladolid. El Gobierno federal movilizó sus tropas y recapturó la plaza después de una lucha sangrienta en la que los rebeldes fueron aniquilados; algunos de los jefes fueron fusilados tras un juicio sumarísimo.

En Sinaloa, Gabriel Leyva se subleva contra el gobierno el 8 de junio. Se le persiguió hasta que lo detienen, herido, tras una refriega armada; llevado a Culiacán, posteriormente le aplican la ley fuga.

Francisco I. Madero no tiene más salida que planear la lucha armada en la enorme prisión en que se ha convertido la ciudad de San Luis Potosí, donde, por cierto, goza de libertad; se reúne con sus partidarios y trata de resolver sus diferencias con los hermanos Vázquez Gómez. Una de las acciones políticas legales es la protesta de los partidarios de la candidatura de Madero (Comité Electoral de los partidos Nacionalista Democrático y Nacional Antirreeleccionista, presidido por Federico González Garza) ante la Cámara de Diputados, el 1 de septiembre, por el fraude electoral, al violarse la Ley Electoral. El memorial de protesta (190 documentos con más de 600 hojas) quiere que se anulen las elecciones «y especialmente las elecciones que se refieren a la presidencia y vicepresidencia de la República». En la misma línea, vuelven a entregar otros memoriales el 8 y 23 de septiembre, demostrando «la farsa electoral». La Cámara de Diputados contestó a las protestas con un «lacónico oficio», sin argumento alguno, a la petición de nulidad. Por tanto, González Garza señala que la acción legal de los partidos de oposición al régimen porfirista había terminado. El paso siguiente ya era inevitable: la lucha armada.

La fuga de Madero

Las fechas coinciden con las fiestas que realiza el régimen para conmemorar el Centenario de la Independencia de México. Cohetes, verbenas, gallos, caballos, música, la capital mexicana se viste de gala para agasajar a los invitados extranjeros y personalidades del régimen de Díaz. Debajo de estas celebraciones se cuece, sin embargo, la revolución; mientras los actos intentan fortalecer la imagen del presidente, Madero planea su fuga de San Luis Potosí, disfrazado de ferrocarrilero.

En la capital federal, el 11 de septiembre, una manifestación de antirreeleccionistas y nacionalistas, presuntamente preparada para «rendir culto» a los héroes de la independencia, no se prohíbe, pero las autoridades la disuelven a palos y con derramamiento de sangre; sin embargo, no evitan que se lancen piedras sobre la casa del presidente Porfirio Díaz, quien se dirige al Congreso de los Diputados, el 16 de septiembre, para declarar que las elecciones se habían celebrado con «regularidad» en todo el país. Ocho días más tarde la Cámara Legislativa y el Colegio Electoral aprueban el fallo de la Gran Comisión, rechazando la nulidad de los comicios. El paso siguiente fue declarar reelectos, el 4 de octubre, al presidente Díaz y a su vicepresidente Ramón Corral. El «cinismo» del régimen llega al extremo, incluso, de anular la victoria al único diputado antirreeleccionista que se les había colado en la Cámara. En Puebla, sin embargo, se dio un aviso, tras la decisión del Congreso. Aquiles Serdán, líder de la oposición en el Estado, dijo: «No entonen el hosanna de la victoria, señores porfiristas y corralistas, porque nosotros, los antirreeleccionistas, no hemos quemado todavía el último cartucho.»

Cuando el mes de septiembre pasa a mejor vida, Francisco I. Madero perfila su fuga hacia los Estados Unidos, donde aún permanecen los hermanos Flores Magón y sus amigos. Madero sigue aquel camino que iniciaron los anarquistas porque el clima legal en México anula cualquier posibilidad de desarrollo político.

• Escribe Romero Flores que, «burlando la vigilancia de sus custodios, pudo el señor Madero, no sin grave peligro, escaparse de San Luis la madrugada del 6 de octubre, yéndose a los Estados Unidos, favorecido por un empleado del exprés que le ocultó una buena parte del camino, pasando la frontera por Laredo e internándose en San Antonio, Texas, adonde fueron a unírsele en breve su familia, el licenciado Estrada y el doctor Cepeda. En esa ciudad les esperaban ya Sánchez Azcona, González Garza, Aquiles Serdán y otros de sus más allegados y partidarios».

Madero cruza el puente internacional de Laredo el 7 de octubre, pero a un periodista sorprendido que le ve, del *San Antonio Express,* le explica que no ha sido liberado: «¡Oh!, no he sido libertado. Me escapé; me escapé.»

El documento

El Plan de San Luis está fechado en la ciudad de San Luis Potosí el 5 de octubre de 1910, pero se redactó y publicó en San Antonio, Texas. Esto fue así por «razones de conveniencia, de dignidad y de neutralidad». Se trata de una bandera ideológica de la Revolución mexicana. Stanley R. Ross dice que es un documento redactado de una manera «sencilla, pero convincente». El Plan de San Luis empieza con un análisis político, dirigido a justificar el movimiento armado. «El pueblo, en su constante esfuerzo por obtener la libertad y la justicia, se ve forzado en ciertos momentos históricos a hacer los más grandes sacrificios.» Se aseguraba que México había alcanzado uno de esos momentos, porque una «tiranía nos oprime de tal manera que se hace intolerable». Se ofrece la paz a cambio de la tiranía, pero «es una paz vergonzosa, porque tiene la fuerza y no el derecho como base, y porque su fin es el enriquecimiento de un pequeño grupo».

Sigue más adelante una relación de los acontecimientos políticos más recientes, suscitados por los esfuerzos de Díaz para imponer como sucesor a Ramón Corral. Francisco I. Madero relata cómo se organiza el Partido Antirreeleccionista y cómo proclama los principios de «sufragio efectivo y no reelección» como «los únicos capaces de salvar a la República del peligro inminente con que la prolongación de la dictadura, cada día más vergonzosa, más despótica y más inmoral, la amenazaba».

El Plan consta de quince artículos breves, con cuatro transitorios. «Se sabe que la mayor parte del documento —escribe Silva Herzog— fue obra personal de Madero.» Según Enrique Krauze, entre los que ayudan a redactar el Plan se encuentra un joven y casi anónimo poeta, Ramón López Velarde. Madero, por otro lado, al diseñar su plan de acción revolucionario, tuvo cuidado de colocar sus piezas en los principales puntos de México, sin descuidar la Bolsa de Nueva York, adonde pedía informes sobre sus acciones guayuleras, en vista de que traducía una acción por cien hipotéticos rifles Winchester.

Éste es el resumen de los puntos:

En el artículo 1.º se declaran nulas las elecciones de julio anterior y en el 2.º se dice que será desconocido el Gobierno de Porfirio Díaz a partir del nuevo periodo presidencial. En el 4.º se consagra el principio de la no reelección; en el 5.º se declara a Madero presidente provisional de la República, «con apoyo en la tesis de que si hubiera habido libertad en las elecciones, él, indudablemente, hubiera sido electo para ocupar» la silla presidencial. En el artículo 7.º se señala el 20 de noviembre para que todos los ciudadanos tomen las armas para echar del poder al «ilegítimo» de Díaz; además de señalar la fecha de la revolución, da la hora: «a partir de las seis de la tarde», dice el documento. Los artículos 6.º y 8.º tratan cuestiones «de significación secundaria y meramente circunstanciales», apunta Silva Herzog, es decir, «que el presidente provisional» antes de entregar el poder debe dar cuenta al Congreso del uso de las facultades que le da el plan y que «las leyes de la guerra» se observarán «rigurosamente», así como «respetar a los extranjeros en sus personas e intereses».

El artículo 3.º

Madero dice que se han agotado todos los recursos legales, que la situación «violenta e ilegal no se debe permitir que continúe» y que él asume la presidencia hasta «que el pueblo elija su gobierno, de acuerdo con la ley». Francisco I. Madero defiende esa posición:

> «Si el pueblo me designó como su candidato no fue porque tuvo la oportunidad de descubrir en mí el talento de un estadista. Más bien vio en mí la fuerza de un patriota que está decidido, si es necesario, a sacrificarse para llevar al pueblo a liberarse de la odiosa tiranía que le oprime...
>
> Sería una debilidad de mi parte y una traición para aquellos que han confiado en mí, en todas partes de la nación, no guiarlos en la lucha para obligar al general Díaz, por las armas, a respetar la voluntad de la nación.»

El presidente «provisional» se compromete también a convocar elecciones generales, tan pronto como la capital y más de la mitad de los estados estuvieran en manos de la fuerza revolucionaria, asume los compromisos anteriores contraídos antes de la revolución y a tener una contabilidad escrupulosa de los fondos públicos...

El Plan de San Luis dice muchas más cosas, pero el artículo 3.º, el más extenso de todos, es capital en cuanto al levantamiento armado, porque se contemplan las bases de las aspiraciones mayoritarias, sobre todo de una sociedad rural y agraria. El tercer párrafo de ese artículo señala:

«Abusando de la ley de terrenos baldíos, numerosos pequeños propietarios, en su mayoría indígenas, han sido despojados de sus terrenos, por acuerdo de la Secretaría de Fomento, o por los fallos de los tribunales de la República. Siendo de toda justicia restituir a sus antiguos poseedores los terrenos de que se les despojó de un modo tan arbitrario, se declaran sujetas a revisión tales disposiciones y fallos y se les exigirá a los que los adquirieron de un modo tan inmoral, o a sus herederos, que los restituyan a sus primitivos propietarios, a quienes pagarán también una indemnización por los perjuicios sufridos. Sólo en caso de que estos terrenos hayan pasado a tercera persona antes de la promulgación de este Plan, los antiguos propietarios recibirán indemnización de aquellos en cuyo beneficio se verificó el despojo.»

Muchos analistas coinciden en que es este párrafo del artículo 3.º el que moviliza a las masas campesinas del país a apoyar a Madero en su lucha. Se demuestra que el problema campesino, agrario, es el «eje principal» de la revolución, en sus inicios y después de ésta. Sin embargo, no hay una sola mención sobre el problema obrero. Ross cree que la observación del Plan para restituir tierras a quien haya sido despojado de ellas de forma «inmoral», rehabilita la posición de Madero al acercarse a los asuntos económicos, equilibrando la balanza con los de índole político. No obstante, Ross afirma que el Plan no es puramente político (como insiste Silva Herzog), pero que «no había promesas de expropiación ni compromisos para dividir la tierra. Algunas personas, intencionada y conscientemente, lo interpretaron mal. Muchas otras, ciega, esperanzada y subconscientemente, esperaban un cambio más extenso del que se había prometido».

Con este Plan, y sobre todo con el artículo 3.º, Emiliano Zapata se lanza a la lucha y no, como advierte el propio Madero, por su propio talento. Los campesinos, en efecto, ven en ese punto el motivo suficiente para apoyar la lucha de Madero. Esto también sensibiliza a otros grupos en varias regiones del país. A pesar de la controversia que plantea el Plan de San Luis con otros anteriores (el programa de gobierno de Madero y Vázquez Gómez) y posteriores (Plan Político-social proclamado por los estados de Guerrero, Michoacán, Tlaxcala, Campeche, Puebla o el Distrito Federal, del 18 de marzo de 1911), no hay más cera que la que ya arde, por muy pobre que sea el Plan de San Luis en lo social o económico, como dice Silva Herzog.

Capítulo VIII

— La Revolución —

LOS ESCENARIOS

E L sábado 26 de febrero de 1910 aparece en la capital mexicana el nuevo embajador norteamericano, Henry Lane Wilson, el hombre que liga su trayectoria política histórica en el país que le acoge como representante de una nación soberana, con uno de los personajes más nefastos en la ya larga trayectoria de México, a través de los siglos: Victoriano Huerta. En estos momentos su presencia no deja de ser mera anécdota, aún es pronto para que descubra sus cartas y afile sus garras, pero pasa a la historia de México como inspirador del golpe de estado contra el régimen constitucional de Francisco I. Madero.

Madero está en plena actividad política. El sábado 16 de abril se entrevista con el presidente Porfirio Díaz para exponerle los planes del Partido Antirreeleccionista, en vísperas electorales, y para recordarle que respete el voto, pero aquél le paga con la moneda más cruel, la traición, porque lo encarcela en San Luis Potosí y le impide participar en los comicios electorales del 26 de junio, que, como se ha visto, gana Díaz y su vicepresidente Ramón Corral.

Abril es el mes de la aparición del cometa Halley y, como en los tiempos de los aztecas y los mayas, aquel fenómeno venía siempre cargado de tragedias (la caída de Moctezuma, la muerte del secretario de Relaciones Exteriores, Ignacio Mariscal, «que muchos juraban que nunca se iba a morir, pues parecía por muchos años el símbolo de la inmortalidad»; la oposición maderista, por ejemplo).

La Ciudad de México y fiestas del Centenario

Cuando llega el mes de septiembre, el régimen se dispone a celebrar con grandes festejos el Centenario de la Independencia de México. Las fiestas y las verbenas se celebran del 1 de septiembre al 6 de octubre, el mismo día que Madero decide huir de San Luis Potosí, rumbo a los Estados Unidos. Desde San Antonio, Texas, Madero da a conocer su Plan de San Luis, desconoce la elección fraudulenta, se proclama «presidente provisional» de México y convoca a los mexicanos a la revolución, prevista para el 20 de noviembre a partir de las seis de la tarde.

Pero Porfirio Díaz y el régimen sólo tienen ojos para la borrachera de patriotismo que cunde en la ciudad de México. En efecto, los actos formales de la conmemoración comienzan el 10 de septiembre con la inauguración del manicomio de La Castañeda. El país recibe a numerosas delegaciones especiales de América, Europa y países como Japón, Rusia, Argelia... El día 16, el presidente Díaz inaugura el monumento de la columna de la Independencia, obra del arquitecto Antonio Rivas Mercado. El 17, en nombre del rey de España, Alfonso XIII, el marqués Camilo de Polavieja entrega a Porfirio Díaz el uniforme de José María Morelos, que estaba en poder de los españoles desde la época de la guerra de independencia. Otros embajadores hacen fila para darle presentes significativos al dictador (el de Francia, la estatua de Pasteur; el alemán, la efigie de Humboldt; la colonia norteamericana, la estatua de Washington...). Se inaugura el Hemiciclo a Benito Juárez el 18, mientras se suceden los banquetes, las recepciones, los bailes, los desfiles históricos, las maniobras militares, la exposición ganadera, las ceremonias cívicas, las pertinentes inauguraciones de escuelas y edificios públicos, las exposiciones artísticas, las veladas literarias, las borracheras, las serenatas, los castillos de fuegos artificiales. Engañosa apoteosis de 1910, porque, debajo de los fastos del Centenario, Madero organiza otra revolución, aunque distinta, como aquella de 1810.

La ciudad capital está de fiesta. Cualquiera desde las torres de la catedral habría abarcado con la vista, a mediados del siglo XIX, casi por completo la ciudad de México, donde resalta la traza perfecta de sus calles, los edificios de uno o dos pisos agrupados en manzanas; son casas céntricas, construidas con calicanto, cantera y tezontle. La ciudad se expande a partir de 1880 y en 1910 ya tiene unos cuatrocientos mil habitantes, pero desde las torres de la catedral ya no se distinguen las casas de adobe techadas con pencas de maguey y los suburbios, «rodeadas de calles mal trazadas y polvorientas que se convertían en lodazales en la época de lluvia». Ésta es la ciudad de los contrastes.

Estos ciudadanos del Distrito Federal son los testigos de la lucha que se avecina y observa, durante la contienda, los cambios políticos que produce la revolución: el triunfo de Madero, la presencia de las fuerzas de Pancho Villa y Emiliano Zapata, la Decena Trágica, la presencia militarista del general Victoriano Huerta, las intrigas de Henry Lane Wilson, las maniobras de Venustiano Carranza, Álvaro Obregón...

La gente se mueve en carruajes y tranvías tirados por caballos y, contra lo que algunos puedan pensar, siguen los temblores haciendo de los pobladores presa fácil del terror ante el movimiento de la tierra, ocasionando desgracias físicas y materiales. La lotería nacional ofrecía en aquella época premios de 20.000 pesos, y el Nacional Monte de Piedad, «préstamos sobre prendas por el término de ocho meses al 1 por 100 de rédito al mes...». Algunos denuncian en la prensa de entonces que los comerciantes abusan por «dar 24 centavos por una peseta al comprar o hacer algún cambio... Llamamos la atención del Gobierno sobre el particular, porque la clase menesterosa es la que pierde en la cuestión».

La vida íntima de las familias ahora puede parecer fantástica: los médicos atienden los partos en casas particulares y se vela también a los muertos en las casas; la cortesía, la generosidad, la discreción, la honestidad, el sentido de la amistad y la austeridad «eran valores presentes en las clases acomodadas, en particular entre la clase media...», escriben Cristina Barros y Marco Buenrostro, autores de *Vida cotidiana Ciudad de México 1850-1910*, editada por el Consejo Nacional para la Cultura y las Artes en 1996. En las casas acomodadas solía haber un piano y contaban con un ejército de ayudantes: cocinera, recamarera, nodrizas, mozos, cocheros, porteros. En el país hay más de quince millones de habitantes y el 80 por 100 vive del salario rural, es decir, de 18 a 25 centavos diarios, cantidad que sólo da para comer tortillas, chiles, frijoles, y beber pulque. Los precios de los alimentos básicos eran de 13 centavos el kilo de arroz y de 10 el de frijol. Los obreros, que constituían un proletariado incipiente, estaban concentrados en las grandes ciudades como el Distrito Federal, Monterrey, Puebla, Guadalajara o Veracruz.

Del baño privado se pasa al baño público, las mujeres estudian en la Normal de Profesoras, sobre todo, y los hombres se divierten jugando a las cartas, el ajedrez o dominó. Hay corridas de toros: la plaza de toros el Toreo se inaugura en 1907 en la Colonia Condesa; circulan bicicletas, se practica el tenis, el patinaje, el fútbol y el béisbol; la quema de los «Judas» congrega multitudes en las calles, las iglesias están concurridas, se pasea por Chapultepec, la Viga o Xochimilco. Importado de Europa, los duelos se pusieron de moda en el México del siglo XIX y enlutó a no pocas familias, pero también se implanta el modelo de consumo norteamericano: muebles en serie, ropa hecha, medicinas de patente, nuevas formas de publicidad, pedidos por correo y ventas por catálogo y a plazos...

La gente asiste a diversos espectáculos, algunos de carácter público, como los conciertos en el Zócalo, o eventos de polo en el Club México, patinaje en La Alameda, la ópera, el teatro o el exclusivo Jockey Club, fundado en 1881, instalado en la casa que fuera del conde del valle de Orizaba, conocido como la Casa de los Azulejos... donde posteriormente algunos guerrilleros zapatistas desayunarán chocolate con churros, reconvertido el local en el restaurante Sanborns.

SE ROMPE LA PAZ Y LA TRANQUILIDAD

Reprimen a los conspiradores

Lanzado el Plan de San Luis para iniciar la revolución (guía de campaña para los revolucionarios, la califica Cumberland), es justo aludir a los intentos rebeldes del 24 de junio de 1908, en la población de Viesca, Coahuila, cuando se rebeló Benito Ibarra contra Díaz; el 26 de junio hubo otro en Las Vacas, en el mismo estado, y uno más en Palomas, Chihuahua, dirigido por Enrique Flores Magón, o los posteriores en Yucatán (Valladolid) o Sinaloa. El más grave de todos, sin embargo, ocurre el 18 de noviembre de 1910 en Puebla, preámbulo categórico de la revolución maderista.

La fuga de Francisco I. Madero de San Luis Potosí ocasiona, como es obvio, gran revuelo, porque se interpreta como el primer paso hacia la revolución. En Estados Unidos Madero evita con sus desmentidos que se altere la neutralidad del país que le acoge y con ellos también protege a su familia en México. «Estoy aquí —explica Madero— porque los ciudadanos de los Estados Unidos son libres y sus libertades están garantizadas por la Constitución y mantenidas sin obstáculos. Esto es diferente en México.» Insiste en que no busca ayuda en Norteamérica sino la cortesía de la hospitalidad. Y reafirma en *To the American People* del 9 de octubre de 1910, y en *San Antonio Express*, del día 11, que su esperanza es que «el pueblo norteamericano pudiera apreciar su conducta y comprender... mi ambición de reconquistar para mi amada patria la felicidad que merece».

No obstante, a falta de intelectuales en el campo revolucionario en número y en peso, Madero echa mano de su numerosa familia, sospechosa de colaborar con él en las tareas subversivas contra el régimen. Por ejemplo, su hermano Gustavo fue detenido y encarcelado en la prisión de Belén, para evitar que su hermano Francisco se lanzara a la lucha, o porque el Gobierno intentara quitar importancia al «aparente peligro» de una revolución inminente, pero al final fue liberado sin cargos. Stanley R. Ross cree que le faltó dirección intelectual a la Revolución tanto en esta primera fase como en las posteriores. «Esta circunstancia, más la indecisión de ciertas grandes personalidades —los hermanos Vázquez Gómez y Venustiano Carranza, por ejemplo—, obligó a Madero a apoyarse demasiado en su familia.»

Es necesario que Madero hable así hasta el lanzamiento del Plan de San Luis, fechado sin embargo el 5 de octubre en la ciudad mexicana. «Echad a los usurpadores del poder, recobrad vuestros derechos de hombres libres y recordad que nuestros antepasados nos legaron una herencia de gloria que no debemos manchar. Sed como ellos fueron: invencibles en la guerra y magnánimos en la victoria.»

Juan Sánchez Azcona, en sus *Apuntes para la historia de la Revolución Mexicana*, dice que, «sin pretender que tal documento sea perfecto, sí puede afirmarse que es profundamente sincero en toda su médula y que alcanzó a ser comprendido por el pueblo a quien iba dirigido...». Y advierte que, en contra de los críticos del documento, no puede ser considerado un «cuerpo de leyes», pues «únicamente quiso ser un LLAMAMIENTO A LAS ARMAS, con exposición de los motivos que lo originaban y con señalamiento de los anhelos básicos cuya consecuencia sólo contiene principios sustantivos, y de la reglamentación y legislación adjetiva a la voluntad ciudadana, ajustada a las necesidades de la realidad, para después del triunfo principal del movimiento armado».

San Antonio se convierte en lugar de peregrinación de los hombres dispuestos a empuñar las armas contra los federales de Porfirio Díaz, quien por causa del aviso de revolución ha puesto en alerta a todos sus efectivos. Discuten planes y vuelven a México. Madero cuenta con los levantamientos de Aquiles Serdán en Puebla, Francisco Cosío Robledo en la capital, Robles Domínguez en Guerrero, Ramón Rosales en Hidalgo, y Abraham González y José de la Luz Soto en Chihuahua.

Las dificultades gubernamentales resultantes de las revueltas pueden haber ayudado y aliviado momentáneamente a los revolucionarios, pero también provocaron el arresto de Cosío Robledo, Alfredo Robles Domínguez, Abel Serratos y su grupo en la capital federal; estas detenciones provocaron a su vez otras más y la captura del arsenal de los revolucionarios. El 17 de noviembre la prensa del Distrito Federal informa que un complot en contra del Gobierno ha sido descubierto y casi todos los conspiradores han sido encarcelados. En muchas comunidades, particularmente en Puebla, Tlaxcala, Michoacán, Guerrero, Hidalgo y Veracruz, fueron arrestados cientos de sospechosos y trasladados a la capital mexicana. Además el Gobierno de Díaz solicita al de Estados Unidos que tome medidas preventivas contra Francisco I. Madero. Al mismo tiempo, el embajador norteamericano Lane Wilson informa al Departamento de Estado que «la conspiración parece ser general, pero le falta coherencia y carácter, y será fácilmente sofocada por el Gobierno, que está vigilante y bien informado».

La batalla de Puebla

La imprudencia de dar a conocer la fecha de la revolución, además de glorificar a su autor (a quién se le ocurre, la verdad), pone al Gobierno sobre las armas y reprime cualquier intento sedicioso contra el régimen. De todos los focos rebeldes, el de Puebla, el 18 de noviembre, cuesta un buen número de vidas humanas en los dos bandos, es decir, el exterminio total en el grupo rebelde, encabezado por un zapatero, Aquiles Serdán, quien con el dinero de Madero compra armas y las reparte entre los partidarios de la revuelta. Serdán pensaba que una buena parte de la ciudad de Puebla —un bastión reaccionario— les apoyaría. Se trata más o menos de unos quinientos hombres armados en la ciudad, partidarios de Madero, dispuestos a atacar la guarnición poblana. «Por entonces, la ciudad estaba tan bien protegida que los rebeldes no tenían esperanza de éxito. El complot entero tenía un aura de romanticismo y de irrealidad.»

La casa de Serdán en la calle de Santa Clara estaba prácticamente en el centro de la ciudad. Actualmente se llama de Los Mártires. Sería defendida por once hombres, incluyendo a los hermanos Serdán, y tres mujeres: Carmen, la hermana de Aquiles; Filomena, su esposa, y Josefa, su madre. Como el complot se descubre, se presenta en la casa a las siete de la mañana el director de la policía, Miguel Cabrera, con un pelotón de hombres. Quieren registrar el lugar,

119

pero Aquiles dispara contra él, matándolo. Los sitiados cuentan con treinta rifles Winchester, veinte Remington, sesenta pistolas de diversos modelos y calibres, más de treinta bombas caseras y algunos miles de cartuchos. La lucha se entabla entre este grupo de revolucionarios y mil soldados y rurales que se apoderan poco a poco de las calles, las azoteas y las torres de las iglesias. Nadie les ayuda en la ciudad y sólo se suman cinco hombres y un muchacho de trece años, Rosendo Contreras. Pasado el mediodía sólo quedan vivas tres mujeres y Aquiles, disparando desde los balcones. El fin es inminente. Pero Aquiles, ayudado por su hermana Carmen, se oculta en el sótano y hubiera salvado la vida si una tos no lo descubre en la madrugada del día siguiente. Al levantarse la puerta del escondite apareció su noble cabeza calva y un guardia le disparó haciéndola pedazos.

Como afirma Fernando Benítez, el cadáver fue exhibido dos días al estilo del virreinato, pero ese despojo le costó caro al Gobierno: perecieron ciento cincuenta y ocho soldados de un total de mil. Madero recibió la noticia llorando por Federico González Garza y acertó a decir: «No importa, nos han enseñado cómo se debe morir.»

La chispa prende y se generaliza la revolución

El fracaso de las fuerzas de Madero es evidente en Puebla y no tuvo ningún efecto inmediato sobre el plan revolucionario general, pues la mayoría de los pequeños contingentes revolucionarios se hallaban ya en movimiento antes de que circulara la noticia. El 20 de noviembre el Gobierno también captura a más revolucionarios, pero no en el campo, sino en las ciudades. «El campo se movió con lentitud, pero con éxito», según José Vasconcelos. Las noticias que recibe Madero tampoco son alentadoras, tomando en cuenta su propia experiencia, cuando en la fecha señalada, con diez hombres y un guía, cruza la frontera de Río Grande, donde tenía que esperarle su tío Catarino Benavides con cuatrocientos hombres. Al llegar Madero al lugar convenido, no encuentra a nadie; cuando el tío aparece, su grupo llega apenas a diez entusiastas seguidores. Con veinte hombres parecía complicado atacar Ciudad Porfirio Díaz, la actual Piedras Negras, en Coahuila. Como las desgracias no llegan solas, Madero se entera que en Estados Unidos hay una orden de arresto contra él. El único recurso es esconderse y días más tarde viaja de incógnito a la ciudad de Nueva Orleáns con su hermano Raúl, quien lleva el mismo nombre del hermano muerto en 1887. El principal incitador de los brotes rebeldes ignora por su parte que hay levantamientos armados en otros puntos de Chihuahua, Sonora, Tamaulipas, Coahuila y Veracruz. Desde su refugio en Nueva Orleáns, en otros tiempos también nido de conspiradores mexicanos, Madero escribe a Juana P. de Montiú (seudónimo de su mujer). En una de esas cartas, fechada el 2 de diciembre, le dice que duerme bien, incluso las siestas, lee en una biblioteca, hace ejercicios en la YMCA, asiste a la ópera y le confiesa que «nosotros estamos confiados en el resultado final de la lucha y sobre todo tenemos la seguridad de que los acontecimientos siguen el curso que les ha dado la Providencia [...]».

> «Ya ve mi cielito —añade Madero— cómo no se me nota que tan grandes asuntos me preocupan, pues creo que de nada sirve quedarse uno meditabundo y triste; es mejor procurar distraerse a fin de que el espíritu más descansado y más lúcido, puesto que no está entorpecido por la congoja, pueda ver con mayor serenidad los arduos problemas que se le presentan.»

El seudónimo de su padre es F. López. No se cansa de escribir y de ejercitar músculos y mente. En efecto, también en las lecturas espiritistas encuentra «fuerzas y fe». Hace una nueva lectura, cuidadosamente anotada, como dice Krauze, del *Baghavad Gita*. Lo escribe entre el 20 de noviembre de 1910 y el 23 de febrero de 1911; usa para sus apuntes una máquina que alquila en Dallas el 19 de enero de 1911. Había comenzado a elaborarlo en una libretita con letra muy menuda, obra a la que llamó *Comentarios al Baghavad Gita*. Cuando salió del Palacio Nacional de la capital mexicana para ir al encuentro de la muerte, su asesino, en febrero de 1913, llevaba bajo el brazo en un portafolio, las notas de ese libro.

Escribe José Natividad Rosales que el 28 de febrero de 1911, al pasar de Estados Unidos a México, Madero hace todavía una referencia al *Baghavad Gita*, cuyas notas, manuscritas, reunidas en diferentes libretas, escritas con cierta rapidez, pasaron al Museo Nacional de Historia, no sin antes correr el riesgo de desaparecer. «En los primeros tiempos la familia consideró que un libro así lesionaría las creencias generales de la familia, las católicas, más que a la religión misma. Examinados los documentos, campea, en los mismos, una auténtica fe en Dios y hasta en Cristo, en la obra providencial y redentora. Los espíritus formaron, en la mente del apóstol, un universo aparte, pero subordinado. Nada podían, por sí, si no era por la obra del Altísimo.»

En efecto, él y los hombres que luchan abiertamente contra las tropas federales van a necesitar mucha ayuda material y espiritual.

Francisco I. Madero cruza la frontera en la noche del 19 de noviembre, según hiciera constar el cónsul Ellsworth, pero su pequeño ejército no garantiza más que el ridículo y la muerte. En la aventura de Nueva Orleáns, sin embargo, también está presente el fracaso. Los limitados recursos financieros de que disponía la revolución se habían agotado, la riqueza familiar de Madero se hallaba inalcanzable y amenazada de confiscación, y los miembros de la junta de San Antonio se encontraban en la indigencia, sin poder comer a menudo más que una vez al día, admite Roque Estrada al *Times* de Londres, el 25 de noviembre de 1910, recogido por Stanley R. Ross. El hermano de Madero, enviado por Francisco a Nueva York, confirma que la familia debe ocho millones de pesos a bancos mexicanos.

Parece que el espíritu decae ante el sonoro fracaso del primer día tras cruzar la frontera. En el libro de López Portillo y Rojas, *Elevación y caída de Porfirio Díaz*, se lee que «llegó el 20 de noviembre y el pueblo mexicano parecía no responder al llamado de Madero. Esta primera desilusión abatió profundamente el ánimo de la familia (Madero), quien creyó que todo estaba perdido y hasta llegó a resolver en consejo que Francisco I. Madero saliera para Cuba; y los oficiales que rodeaban a Madero fueran despedidos».

Madero lo ignora, pero no está solo. El fuego de los fusiles manda ya en los campos y poblaciones de México. La apariencia es, sin embargo, la contraria: que la revolución ha fracasado antes de comenzar. En la ciudad de México y Puebla, escenarios de incidentes, el día 20 transcurre con la normalidad de siempre; en Jalisco sólo hay un brote, fácilmente reprimido en Etzatlán. En Guerrero y el Estado de México se abortan los desórdenes. En otros sitios la situación es diferente, como resume Luis González y completa Berta Ulloa:

En villorrios de Chihuahua se levantan contra el dictador grupos de campesinos acaudillados por Pascual Orozco, Pancho Villa, José de la Luz Blanco y Abraham González. En Sonora el líder del movimiento fue José María Maytorena. Los pequeños comerciantes Eulalio y Luis Gutiérrez presidieron la lucha en las estepas de Coahuila. En Baja California, el sinaloense José María Leyva se metió hasta Ensenada; en Guerrero se alzaron los Figueroa, y en Zacatecas, el liberal Luis Moya. Todos acataban como jefe a Francisco I. Madero «salvo aquel grupo, dirigido por los Flores Magón, compuesto por gente de varias nacionalidades, invasor de Baja California a fines de enero de 1911».

Los hermanos Flores Magón, desde el periódico *Regeneración*, habían exhortado a la revolución también con mucha antelación. El 1 de octubre de 1910, se lee: «Esclavos, empuñad el Winchester. Trabajad la tierra cuando hayáis tomado posesión de ella. Trabajar en estos momentos la tierra es remacharse la cadena, porque se produce más riqueza para los amos y la riqueza es poder, la riqueza es fuerza, fuerza física y moral, y los fuertes os tendrán siempre sujetos. Sed fuertes vosotros, sed fuertes todos y ricos haciéndoos dueños de la tierra; pero para eso necesitáis el fusil: compradlo, pedidlo prestado en último caso, y lanzaos a la lucha gritando con todas vuestras fuerzas: ¡Tierra y libertad!»

La revolución consigna que desde un principio fue Chihuahua el estado que se convirtió en el principal foco rebelde, junto con Durango, porque a los maderistas se les unieron los miembros activos del Partido Liberal Mexicano (PLM), Prisciliano G. Silva, Lázaro Alanís y Práxedis Guerrero. Sin embargo, las diferencias

ideológicas y políticas que distanciaban a maderistas y la gente de
Flores Magón se ahondaron porque Prisciliano G. Silva fue apre-
hendido en Chihuahua «al negarse a acatar la autoridad de Madero,
al que había reconocido como jefe».

Con altibajos, éxitos parciales y triunfos rebeldes, la lucha se extiende. A finales de 1910 el grupo alzado más importante en el sur
fue el del maestro Pablo Torres Burgos y el presidente del Comité
de Defensa de los pueblos de Anenecuilco-Ayala-Moyotepec,
Emiliano Zapata, en el estado de Morelos. Detenido y fusilado luego Torres Burgos, el mando recae en Zapata, que cuenta con el apoyo financiero de Gildardo Magaña, hijo de un liberal y acomodado
comerciante de Zamora, Michoacán.

La revolución librada en el norte tuvo en cuenta la tecnología,
es decir, la importancia del ferrocarril y la frontera norte con Estados
Unidos, que sirve para mover tropas, pertrechos, adquisición de armas en el vecino país o alimentos. A lo largo de las vías férreas, por
tanto, se libran importantes batallas.

Las tropas federales

En el lado opuesto, el presidente Porfirio Díaz asume la dirección de las ofensivas, a través de la Secretaría de Guerra. Aunque
bien pertrechado, las fuerzas armadas del porfirismo manifiestan
síntomas «de descomposición». Poderoso ejército pero desarticula-
do. Además, la tropa, basada en muchos casos en la práctica de la
leva, muestra escaso interés, es decir, combate forzada, sin ideales y
«resentida por la explotación de que la hacían víctima los oficiales
subalternos».

Berta Ulloa explica que el efectivo de las fuerzas federales, incluyendo a los rurales, ascendía a 31.000 hombres «en las nómi-
nas», pero sólo llegaban a 14.000 de hecho. «A estos males de fondo hubo que agregar las medidas desafortunadas que se tomaron
contra los revolucionarios: la dirección de la campaña desde el palacio nacional; la incompetencia del ministro de la Guerra, Manuel

González Cosío, y del estado mayor; la movilización tardía e insuficiente del ejército y lo inapropiado de sus elementos. O sea, tropas pesadas de línea (excepto los cuerpos rurales) que continuamente fueron víctimas de emboscadas y asechanzas y que jamás dieron alcance a las revolucionarias; la mala distribución de la artillería de montaña y de las ametralladoras; el desconocimiento del terreno, la diferencia de los servicios de espionaje, información, exploración y aprovisionamiento.»

Así pues, la combinación de todos estos elementos «hizo imposibles las victorias porfiristas; persistió la insurrección; se multiplicaron los amagos a las poblaciones; las partidas revolucionarias continuaron sorprendiendo al ejército federal, que se concretó a la actitud pasiva de defender las ciudades».

El Gobierno de Porfirio Díaz tuvo que reconocer que el corazón de la rebelión estaba en Chihuahua y concentra en ese estado, ante la imposibilidad de los rurales de detener a los insurgentes, una fuerza numerosa y bien organizada, a una buena parte del ejército. A principios de febrero de 1911 había en la zona unos cinco mil soldados. Para desgracia del Gobierno, el programa de reforzar sus efectivos fue «torpemente manejado», porque los soldados fueron divididos en compañías y batallones incompletos. El ejército federal carecía de cohesión y unidad de mando, y con el tiempo sufrió las consecuencias de ser dirigido desde la lejana ciudad de México, escribe Stanley R. Ross. «La fabulosa máquina militar comandada por jubilados y viejos generales perdió su eficacia y su disciplina y estaba debilitada por el soborno.» El embajador norteamericano Lane Wilson modifica, a estas alturas, la opinión que tiene sobre el «fracaso» inicial de la revuelta y, «mostrándose más sereno en sus críticas al Gobierno, informó del avance de la marea revolucionaria y de la incapacidad del ejército federal para dominar la situación».

Díaz también fracasa en su ofensiva política en Chihuahua, porque el cambio de gobernador (Terrazas por Miguel Ahumada, ex gobernador de Jalisco), a finales de enero de 1911, «fue demasiado tardío». Tampoco le ayudaron otros cambios en los gobiernos de Puebla (Mucio Martínez) y en Yucatán (Muñoz Asístegui).

Por tanto, Díaz, en la lejana y tranquila ciudad de México, y Francisco I. Madero, yendo y viniendo por varias ciudades norteamericanas (Nueva Orleáns, San Antonio, Dallas), concluyen que Chihuahua es el punto clave para ganar o perder. Y ambos personajes deciden enfocar sus esfuerzos en aquel inhóspito territorio mexicano.

Francisco I. Madero entra finalmente en México

Casi tres meses tarda el líder de la revolución, Francisco I. Madero, en volver a su país, después de jornadas infaustas personales (alejamiento de la familia), económicas (tiene que remendar sus propios calcetines), políticas (fracasan sus anteriores intentos de entrar en México), de orden público (las dos órdenes de aprehensión en Norteamérica: la primera se anula por falta de pruebas y la segunda le obliga a entrar a México) o militares (incierto panorama en los enfrentamientos). Madero se daba cuenta de la «necesidad de establecerse en territorio mexicano». Era vital a su prestigio personal, para la unidad y la disciplina de los insurgentes y «para las bases legales del gobierno revolucionario». Se quejaba con su amigo González Garza de estar «condenado a relativa inactividad» y decía: «Juego un papel triste, escondido en vez de estar en el lugar de las operaciones. Mi prestigio y autoridad han sido dañados en un grado considerable.»

Si el presidente Díaz quería ganar la guerra desde la placidez del castillo de Chapultepec, rozando las nubes, se equivocaba, en virtud del alcance ofensivo que habían aglutinado los insurgentes. Madero, por su parte, tenía clara una circunstancia: «Veo claramente que hasta que no haya unidad de mando nunca obtendremos triunfos decisivos y no recogeremos los frutos de nuestras victorias», declaración que recoge Ross en su libro *Francisco I. Madero, apóstol de la democracia mexicana*. Finalmente, sin embargo, con la amenaza de ser detenido por «violar» la neutralidad norteamericana, Madero aprovecha la fuerza de sus partidarios en Chihuahua para unirse a los rebeldes. El «presidente provisional» cruza la frontera el 14 de febrero de 1911, en un punto cercano a Ciudad Juárez, acompañado de ciento treinta hombres, incluyendo unos cincuenta voluntarios norteamericanos. Le acompañaban entre otros Abraham González, nombrado gobernador provisional de Chihuahua; el ingeniero Eduardo Hay, que fungía como jefe del Estado Mayor; José de la Luz Soto, nombrado coronel del Ejército Libertador; su hermano Raúl Madero, el general bóer Benjamín Viljoen; José Garibaldi, nieto del héroe italiano.

Madero se dirige al poblado de Guadalupe y más tarde, el 6 de marzo, decide atacar la población de Casas Grandes, Chihuahua, con quinientos hombres irregulares. Es herido en un brazo y se retiran de una misión que termina en fracaso. No obstante, con aciertos y fracasos, dirige las operaciones en los siguientes dos meses, mientras la revolución se expande por todo el país. En el mes de abril los enfrentamientos son generalizados y abarcan a dieciocho estados de la República.

Las maniobras militares norteamericanas

Como propios y extraños esperaban, la noticia del regreso de Madero «produjo animación y entusiasmo» en las filas revolucionarias. Díaz sospechó en cambio que la falta de atención a sus requerimientos, para que los norteamericanos detuvieran a Madero y sus hombres, era una actitud «de mala fe»; la libertad de movimientos de Madero a lo largo de la frontera ocultaba oscuros motivos, según el presidente Díaz, pero Lorenzo Meyer y Josefina Zoraida creen que se equivoca, porque, «con la excepción de ciertos intereses petroleros que resentían la competencia británica, ni el gobierno ni los grandes empresarios norteamericanos deseaban su caída violenta».

«Al contrario, los Estados Unidos querían en ese momento mantener la tranquilidad interna para que sus minas, ferrocarriles, plantaciones y demás intereses prosperaran dentro de un ambiente de orden y respeto a la ley, y por tanto persiguieron con celo a los violadores de la neutralidad norteamericana.»

Más o menos cuando entra Madero en México, el embajador Henry Lane Wilson cree que es imposible que los federales detengan las rebeliones. Como consecuencia del incremento de los combates, favorables a los opositores del régimen, el Gobierno de Washington decide iniciar en marzo de 1911 unas maniobras militares en la frontera de Texas en las que participan unos 20.000 soldados y envían algunos buques frente a puertos mexicanos del Golfo y el Pacífico. El presidente mexicano pidió que las tropas se retiraran pero el Gobierno norteamericano no le hizo caso, argumentando que se trataba de «maniobras militares periódicas». El presidente Taft ordena que los barcos sólo se aprovisionen de combustible y regresen «prontamente». Las fuerzas norteamericanas parecían «insuficientes» para una ocupación del territorio mexicano, pero consiguen despertar el temor de una nueva invasión entre los dos bandos en lucha. Los revolucionarios, sin embargo, mantienen su ofensiva contra Díaz y el Gobierno «se debilitó aun más». La amenaza norteamericana es, en efecto, real. La opinión pública mexicana culpa a Díaz de buscar la intervención norteamericana.

Los norteamericanos, a su vez, se preocuparon por la lucha civil pero también por sus cuantiosos intereses y en la posibilidad de que otras potencias europeas pusieran en peligro los principios de la Doctrina Monroe. Díaz, en efecto, ha contrarrestado la influencia norteamericana con otros países, Inglaterra y Francia sobre todo. Al mismo tiempo, las gestiones de los hombres de Madero en Estados Unidos (Washington) empiezan a dar frutos a favor de los revolucionarios.

Porfirio Díaz trata de inclinar la balanza hacia los ingleses, cuando las compañías petroleras norteamericanas se subordinan a la firma inglesa de S. Pierson; Limantour busca capital francés para el Banco Nacional y primero rechaza y luego se apropia del proyecto para consolidar la empresa de los ferrocarriles mexicanos, que pretendía hacer Edward H. Harriman. Limantour también «disgusta» a la poderosa e influyente familia Guggenheim, al vender la rica mina de plata de Real del Monte a otros interesados.

En esa línea, Díaz retrasa también la renovación del acuerdo que otorgaba a Estados Unidos el derecho de una base naval en la bahía de Magdalena y se opone a los planes de Washington en los países centroamericanos. En 1907 facilita, por ejemplo, la fuga de Zelaya de Nicaragua, enviando un barco de guerra, ante la hostil actitud norteamericana en ese país. Todos estos actos son calificados por Estados Unidos de poco amistosos. En México crece, por tanto, el sentimiento «antinorteamericano» y el embajador Wilson cree que se trata de hechos que intentan «desacreditar» a los revolucionarios. La cuestión es que Madero admiraba, como dice Ross, a las instituciones norteamericanas y deseaba relaciones cordiales con su vecino del norte. En el primer contacto que tuvo con el secretario de Estado de ese país se compromete a reconocer todos los tratados internacionales existentes antes del 20 de noviembre de 1910, «y cuando asumiera la responsabilidad como gobierno provisional, los daños e injurias causados a los ciudadanos de las naciones que lo reconocieran», según el informe del embajador Wilson, del 27 de marzo de 1911 (S.D.F. 812.00/1194).

Estados Unidos, a lo largo de los tres mil doscientos kilómetros de frontera, tiene problemas para vigilarla; tolera, por tanto, el contrabando de armas hacia los rebeldes y hace caso omiso de las peticiones del Gobierno de Porfirio Díaz para acabar con esa situación. Ross dice que ese país actúa, en la forma, correctamente. Se le informa por tanto al encargado de negocios de México, a través del secretario de Estado Knox, que ni la propaganda revolucionaria, ni el tráfico de individuos de los Estados Unidos a México, a no ser que formaran una expedición, podría considerarse como una violación.

Las presiones norteamericanas, como siempre, adquieren matices, se mueven bajo el agua o abiertamente. Madero se muestra hostil a los ofrecimientos norteamericanos para financiar la revolución y su posterior campaña presidencial, al acabar la contienda. Ross advierte que, al terminar la lucha, Madero fue visitado por algunos capitalistas norteamericanos con el fin de financiar su futura campaña electoral, a cambio «de ciertos privilegios». Madero contestó, según consta en la Agencia Regagnon Dispatch, de Ciudad Juárez, el 26 de mayo de 1911:

> «Yo represento el partido que en México lucha contra los *truts* y los monopolios. ¿Ustedes son capaces de suponer que accedería a sus demandas y a imponer nuevos yugos... a mi país? Y en cuanto al dinero que ustedes me ofrecen no puedo aceptarlo ni lo necesito.»

La última jugada de Porfirio Díaz

Parece que a mediados de marzo ni Madero ni Vázquez Gómez juzgaban indispensable la renuncia del viejo dictador para hacer la paz. No obstante, a tres bandas, en Nueva York, Washington y la frontera, el gobierno de Porfirio Díaz se sienta en la mesa de las negociaciones. El ministro de Hacienda, José Ives Limantour, llega a México en marzo tras su viaje a Europa. Silva Herzog cree que, para lograr la paz, el ministro de Hacienda está dispuesto a sacrificar al presidente y a los científicos, a los que «abandona» a su suerte. Esta explicación quizá se encuentre en los compromisos contraídos con don Bernardo Reyes en París, franco enemigo de aquéllos. El presidente Díaz, por tanto, modifica su gabinete el día 24, probablemente para facilitar las negociaciones de paz. El ministro de Hacienda sigue siendo Limantour y el de la Guerra, González Cosío; es decir, los mismos. El secretario de Relaciones Exteriores es Francisco León de la Barra. Cambia la embajada en Washington por el manejo de las relaciones internacionales. El *rejuvenecimiento* del equipo de Díaz es insuficiente; el presidente se niega sin embargo, a propuesta de Limantour, a que Bernardo Reyes ocupe el ministerio de la Guerra, pero acepta que se le haga venir de Europa para dirigir la campaña contra los revolucionarios. Los acontecimientos, sin embargo, se precipitan y a Bernardo Reyes se le ordena que espere en La Habana, Cuba. Cuando Reyes pisa tierra mexicana la Revolución de Madero ha triunfado.

Limantour ha negociado previamente (en viaje a México, recordamos) en Nueva York con Francisco Vázquez Gómez, con el padre de Madero y su hermano Gustavo, sobre las condiciones de un arreglo. No se habla entonces de la renuncia del presidente Díaz, «pero sí de una democratización general en el gabinete, los estados, los poderes y las libertades públicas».

La negociación

El presidente Díaz, el 1 de abril, ante el Congreso de los Diputados, en su informe a la nación (en guerra abierta), anuncia que se modificará la ley para hacer efectivo el sufragio y para establecer el principio de la no reelección (de la que ya se ha beneficiado). El 6 abril de 1911, el jefe del clan de la familia Madero, Evaristo, muere. El día 8, Díaz se deshace de su vicepresidente Ramón Corral (el Congreso le da un permiso de seis meses y éste parte para Europa). Las medidas son insuficientes, porque los revolucionarios ponen cerco a Ciudad Juárez y se disponen a atacarla, a pesar de las consecuencias «colaterales» que podría ocasionar en el lado norteamericano y la reacción militar de éstos. A pesar de todo, se alargan las conversaciones con los enviados especiales del Gobierno; la ciudad está defendida por el general Juan Navarro. El Gobierno cree que las medidas políticas adoptadas son suficientes, pero los «mexicanos lamentablemente equivocados o perseverantemente engañados» se negarán a deponer las armas. Madero no da marcha atrás. Exige las dimisiones del presidente y del vicepresidente.

El 18 de abril Pancho Villa y Pascual Orozco quieren atacar Ciudad Juárez. Madero les contiene a duras penas.

El 23 de abril se pacta un armisticio de cinco días frente a Ciudad Juárez. Representa al Gobierno en las negociaciones Francisco Carvajal; Madero designa al doctor Vázquez Gómez, a José María Pino Suárez y a Francisco Madero padre. El Gobierno maneja la posibilidad de una diarquía casi bipartidista. A principios de mayo, el negociador gubernamental trae facultades plenas de negociación. Los revolucionarios expiden un acta de catorce puntos y, entre otras cosas, piden libertad a los presos políticos, pago de haberes a las tropas revolucionarias, nombramiento por el Partido Revolucionario de los secretarios de Guerra, Instrucción Pública, Gobernación, Justicia, Comunicaciones y Obras Públicas. No se contempla la renuncia de Díaz, pero se juzga necesaria.

En ese momento Madero «comienza a fluctuar». Firma el acta, al día siguiente se arrepiente y al poco tiempo se arrepiente de arrepentirse, como apunta Krauze. «Enfrentado a la dimisión de Díaz, presiente que se acerca el momento del triunfo y la necesidad de ejercer, por primera vez, el mando ejecutivo, no el de la oposición. Pero Madero sólo entiende el mando bajo el «atributo de la magnanimidad». De ahí que —según Vázquez Gómez— insista en la conveniencia de que, aun en el caso de que se pida la renuncia de Díaz, se haga «en forma en que no se le lastime para ver si de esta manera se logra evitar mayor derramamiento de sangre». Madero, en un mar de dudas, presionado por los revolucionarios para que imponga la renuncia al dictador, y su familia por otro lado, para que termine la lucha, quieren que el presidente Díaz tenga «un medio decoroso de retirarse».

El 6 de mayo termina el armisticio y el 7, el presidente Porfirio Díaz, en un manifiesto a la nación, reconoce —en el primer párrafo de su discurso— que la rebelión iniciada en Chihuahua «ha soliviantado en otras regiones de la República las tendencias anárquicas y el espíritu de aventura, siempre latente en algunas capas sociales de nuestro pueblo». No es esto, sin embargo, lo más importante de su análisis. Dice que «se retirará, sí, del poder, pero como conviene a una nación que se respeta, como corresponde a un mandatario que podrá sin duda haber cometido errores, pero que en cambio también ha sabido defender a su patria y servirla con lealtad». Se irá cuando se lo dicte su conciencia.

¡Soy el presidente Madero!

El día 7 de mayo, en efecto, el presidente Díaz también reconoce en su discurso que «el fracaso de las negociaciones de paz traerá consigo el recrudecimiento de la actividad revolucionaria...». En efecto, el 8 de mayo estalla una escaramuza en torno a Ciudad Juárez y Madero duda otra vez y, viendo comprometidos los arreglos, da la orden de cesar el fuego, pero la orden irrita a Orozco, aprieta el cerco y dos días más tarde el general Juan Navarro entrega la ciudad y se rinde sin condiciones. Madero gana la batalla a pesar suyo. Ocupada la plaza de Ciudad Juárez, el presidente provisional, Madero, nombra a su primer gabinete: Francisco Vázquez Gómez como secretario de Relaciones Exteriores; Federico González Garza, en Gobernación; José María Pino Suárez como ministro de Justicia; Manuel Bonilla, en Comunicaciones, y Venustiano Carranza, en el cargo de secretario de la Guerra y Marina.

Hay una evidencia, sin embargo. La cabeza intelectual de la revolución y los jefes improvisados de ella (Villa y Orozco) discrepan. Estas evidencias se tornan peligrosas con los años, como se verá. Entre tanto, los dos jefes quieren fusilar al general Navarro; Madero quiere salvarle. Los dos rebeldes, armados y seguidos de sus tropas, exigen su entrega. Madero se niega y Orozco, con la pistola en la mano, toma del brazo a Madero.

—Soy el presidente —afirmó Madero.

—Pero de aquí no sale, señor Madero —exclamó Orozco apuntándole con el arma.

Intervinieron Abraham González y su hermano Gustavo. En la lucha, Madero logró escapar y, rodeado de enemigos, desde un automóvil abierto dijo:

—Soy el presidente de la República. Yo inicié este movimiento libertador y lo he mantenido con mi sinceridad y mi fortuna. Soy el jefe de la Revolución y Orozco no es más que uno de mis generales... No le guardo rencor. Le ofrezco la mano como un amigo y colega y le invito a continuar luchando bajo mi gobierno.

Orozco, con la pistola aún en la mano, rechazó la mano y quiso subir al auto para hacerse con Madero. Varios hombres lo retuvieron. Madero gritó:

—Aquí estoy, mátenme si quieren... O conmigo o con Orozco. ¿Quién es el presidente de la República?

El general Garibaldi exclamó: «¡Viva Madero!» La tropa coreó el grito.

—Fusíleme usted, señor Madero —balbució Francisco Villa, acercándose—; castígueme, castígueme.

—¡Qué te he de fusilar, si eres un valiente! —respondió Madero—. Anda, calma a tus muchachos para seguir la lucha.

Madero se dirigió a Orozco y le dijo que tratara con él, serenamente:

—Dígame lo que quiera... y haré todo lo que deba.

Orozco guardó la inútil pistola y le dio la mano. El asunto tenía además algo que ver con el pago de las tropas, recuerda Fernando Benítez, que refleja este diálogo en su libro *Lázaro Cárdenas y la Revolución Mexicana. I. El Porfirismo* (FCE, 1983). Gustavo, el tesorero de la Revolución, obtuvo algunos miles de pesos y el incidente que pudo costarle la vida a Madero terminó.

Tratados de Ciudad Juárez

El radicalismo y la intransigencia de Vázquez Gómez triunfa sobre la opinión moderada de Madero y su familia, que deseaba la continuación de Díaz en la presidencia y de Limantour en Hacienda. Vázquez Gómez juzga en cambio que la renuncia de ambos es indispensable para garantizar el triunfo de los ideales de la Revolución. Por tanto, el 21 de mayo de 1911 se firman los Tratados de Ciudad Juárez, con los que concluye la revolución. El presidente y el vicepresidente dimitirían de sus cargos antes de finales de mayo; el secretario de Relaciones Exteriores, Francisco León de la Barra, asumiría la presidencia interina para convocar elecciones generales; el licenciamiento de tropas se efectuaría a medida que en cada estado se dieran condiciones para la tranquilidad y el orden. Cuatro días después, Porfirio Díaz presentaba su renuncia a la presidencia. Lo hacía, declara en su carta de renuncia leída ante el Congreso, para evitar la lucha civil, impedir que el crédito del país se deteriorara y evitar exponer a México a «conflictos internacionales», en clara referencia a Estados Unidos.

«Estoy más orgulloso por las victorias obtenidas en el campo de la democracia que por las alcanzadas en los campos de batalla», exclamó Francisco I. Madero.

En efecto, hasta entonces, la revolución había sido incruenta, a pesar de la sangre derramada. José Vasconcelos resumía por su parte la «pasión maderista»:

«El propósito inicial de Madero era despertar el alma de la nación o crearle un alma a la pobre masa torturada de los mexicanos. No predicaba venganzas [...], le movía el amor de sus compatriotas [...]. A puertas abiertas empezó su carrera [...], nada de conspiraciones a la sombra; todo su corazón lo abrió a la luz y resultó que toda la República le cupo dentro.»

Capítulo IX

— Revolución que transa, Revolución perdida —

LA TRANSICIÓN

PARECE increíble que una dictadura de treinta y cuatro años concluya en seis meses tras una lucha relativamente incruenta y que, con la caída de Ciudad Juárez, y como escenario principal, el estado de Chihuahua, el país encuentre, por fin, el anhelo de libertad que buscaba. Demasiado fácil como para concluir, también, que las estructuras porfiristas sean de la noche a la mañana distintas y democráticas. Es necesario, por tanto, un periodo de transición a fin de cumplir con el pacto de Ciudad Juárez. Pero las consecuencias aún están en el aire y a muchos analistas les cuesta creer que aquel acuerdo no propicie, más tarde, la caída del maderismo.

Una de las etapas de esa transición es el baño de multitud de Francisco I. Madero en la ciudad de México, con temblor incluido. Antes y después, sin embargo, se producen hechos que la historia consigna con especial sentimiento.

La renuncia

El 21 de mayo se produce la firma del acuerdo de Ciudad Juárez y el día 25 el presidente Porfirio Díaz remite una carta al Congreso de los Diputados con su renuncia, acompañada con la de su vice-presidente Ramón Corral, en términos parecidos. En esa carta Díaz expresa que «el pueblo mexicano, ese pueblo que tan generosamente me ha colmado de honores, que me proclamó su caudillo durante la Guerra de Intervención, que me secundó patrióticamente en todas las obras emprendidas, para impulsar la industria y el comercio de la República, ese pueblo, señores diputados, se ha insurreccionado en bandas milenarias armadas, manifestando que mi presencia en el ejercicio del Supremo Poder Ejecutivo es causa de su insurrección».

«No conozco hecho alguno imputable a mí que motivara ese fenómeno social, pero permitiendo, sin conceder, que pueda ser culpable inconsciente, esa posibilidad hace de mi persona la menos a propósito para raciocinar y decir sobre mi propia culpabilidad.

En tal concepto, respetando, como siempre he respetado, la voluntad del pueblo y de conformidad con el artículo 82 de la Constitución Federal, vengo ante la suprema representación de la nación a dimitir sin reserva el encargo de presidente constitucional de la República, con que me honró el pueblo nacional; y lo hago con tanta más razón cuanto que para retenerlo sería necesario seguir derramando sangre mexicana, abatiendo el crédito de la nación, derrochando sus riquezas, cegando sus fuentes y exponiendo su política a conflictos internacionales.»

De esta forma renuncia Porfirio Díaz, entre gritos populares de ¡viva Madero!, la aparición de periódicos independientes clausurados anteriormente, y el incendio del oficialista *El País* por una multitud entusiasta por el fin del dictador. Sin embargo, le cuesta irse y renunciar. El día 24, por no hacerlo, una multitud protesta en la calle y la tropa dispara contra ellos: hay doce muertos y veinte heridos. Finalmente abandona. Se rinde el día 25 y dimite por carta en el Congreso, que la acepta con dos votos en contra, el de los diputados Benito Juárez Maza y el de José Peón del Valle. Inútil y romántico esfuerzo. Su renuncia tampoco está a la altura de las circunstancias. El embajador norteamericano Henry L. Wilson recuerda aquellos días y dice que, «abandonado por todos, menos por su familia y algunos fieles amigos, el viejo héroe yacía postrado sobre una cama enfermo (una afección dental mal atendida degeneró en una severa infección bucal); sin alicientes para aliviar sus penas, sólo era protegido de la violencia de las calles por las tropas comandadas por el general Huerta».

Al día siguiente, Francisco I. Madero publica un *Manifiesto a la Nación* en el que, entre otras cosas, dice:

> «Cuando os invité a tomar las armas, os dije que fueseis invencibles en la guerra y magnánimos en la victoria. Habéis cumplido fielmente mi recomendación, causando la admiración del mundo entero. Pues bien, ahora os recomiendo que, así como habéis sabido empuñar las armas para defender vuestros derechos, los que sigáis con ellas en calidad de guardias nacionales os pongáis a la altura de vuestros nuevos deberes, que consisten en guardar el orden y constituir una garantía para la nueva sociedad y para el nuevo régimen de cosas; los que os retiréis a la vida privada, esgrimid la nueva arma que habéis conquistado: el voto. Usad libremente esta poderosísima arma y muy pronto veréis que ella os proporciona victorias más importantes y duraderas que las que os proporcionó vuestro rifle...».

Este primer mensaje de Madero a la nación sólo es una mera exhortación a apoyar el gobierno de De la Barra, una breve explicación de los factores involucrados en los tratados de Ciudad Juárez y una renuncia a la presidencia provisional que asume en el mes de noviembre de 1910.

Las cosas no son fáciles, a pesar de todo, porque los pactos del 21 de mayo debilitan a la Revolución, ya que incluye el desarme y un gobierno provisional encabezado por el ministro porfirista

Francisco León de la Barra. Después se le atribuye a Venustiano Carranza esta lapidaria y categórica expresión: «Revolución que transa, Revolución perdida». Los revolucionarios no tienen por qué hacerlo, pero Jesús Silva Herzog cree que ambas partes «temían la intervención de los Estados Unidos en México». Es decir que, ante la política del «big stick», el gran garrote, porfiristas y revolucionarios «sacrifican» sus posiciones para salvar la autonomía de la nación. Y no duda en calificar a ambas partes de «patriotas». Lo que está claro es que De la Barra representa los intereses del porfirismo sin Porfirio Díaz y licenciar a las tropas revolucionarias es un acto que las priva de legitimación.

Madero ha soltado el tigre

Silva Herzog no es el único que piensa así; también Charles Cumberland, Stanley R. Ross y muchos de los partidarios del propio Madero. Blas Urrea, que conoce bien la realidad política, económica y social del país, lo plantea en estos términos:

> «Las revoluciones son siempre operaciones dolorosísimas para el cuerpo social —le escribe en una carta abierta a Madero-; pero el cirujano tiene, ante todo, el deber de no cerrar la herida antes de haber limpiado la gangrena; usted abrió la herida y usted está obligado a cerrarla; pero ¡guay de usted! si, acobardado ante la vista de la sangre o conmovido por los gemidos de dolor de nuestra patria, cerrara precipitadamente la herida sin haberla desinfectado y sin haber arrancado el mal que se propuso usted extirpar, el sacrificio habría sido inútil y la historia maldecirá el nombre de usted, no tanto por haber abierto la herida, sino porque la patria seguirá sufriendo los mismos males que ya daba por curados y continuaría además expuesta a recaídas cada vez más peligrosas y amenazada de nuevas operaciones más agotantes y cada vez más dolorosas.»

Blas Urrea no se queda ahí y prosigue:

«En otros términos, y para hablar sin metáforas: usted, que ha provocado la revolución, tiene el deber de apagarla; pero ¡ay de usted! sí, asustado por la sangre derramada o ablandado por los ruegos de parientes y amigos o envuelto por la astuta dulzura del príncipe de la paz o amenazado por el yanqui, deja infructuoso los sacrificios hechos. El país seguiría sufriendo los mismos males, quedaría expuesto a crisis cada vez más agudas y, una vez en el camino de las revoluciones que usted le ha enseñado, querría levantarse en armas para la conquista en cada una de las libertades que dejara pendiente de alcanzar.»

La carta de Blas Urrea es premonitoria del futuro inmediato, sin duda, pero Madero no lo advierte, presionado o no, como apunta el remitente de la misiva. Posiblemente porque Madero vive el día a día, aclamado por la multitud. Y en efecto, las cosas se suceden con rapidez. El mismo día de la carta de Díaz al Congreso, sale hacia Veracruz, para embarcar en el vapor alemán *Ypiranga,* rumbo a su exilio europeo. Un día antes, Francisco León de la Barra ocupa la presidencia «interina» y desde el norte Madero empieza a bajar hacia el sur, con rumbo definido: la capital federal.

El presidente Díaz, al marcharse a Europa, deja en caja (en Bancos, diversas oficinas gubernamentales y en la propia Tesorería) 63 millones de pesos. Antes de abordar el vapor *Ypiranga,* el ya ex presidente Díaz afirma, quizá en el mismo concepto expresado por Luis Cabrera: «Madero ha soltado el tigre, veremos si puede manejarlo.»

Porfirio Díaz se va y regresa Bernardo Reyes

En efecto, el tigre anda suelto, pero nadie sabe dónde. El otro problema es encontrar al hombre que lo domine. Entre tanto,

Bernardo Reyes ve los toros desde la barrera, es decir, desde la calurosa capital cubana, retenido allí desde que llega el 19 de mayo. Se entera de todo pero no puede hacer nada, sólo deplora que Díaz saliera de aquella manera; ya no le quedaba otra opción que aceptar el nuevo estado de cosas. Díaz se va al exilio de París y Bernardo Reyes regresa a México, después de un año y medio en Europa. Atraca en Veracruz, puerta de entrada y de salida de héroes y villanos, conquistadores y usurpadores, invasores y santos. Le recibe el 4 de junio el gobernador Teodoro Dehesa y una delegación reyista capitalina. Tres días después, Madero llega triunfante al Distrito Federal, mientras a Reyes le ofrecen un banquete en Orizaba, donde declara que está de acuerdo con los cambios y que respetará las leyes. Madero había declarado que no pensaba que Reyes deseara otra cosa que el progreso nacional. Quizá fuera así, pero don Bernardo sin Díaz «era un poco huérfano», según Artemio Benavides Hinojosa, autor de *El general Bernardo Reyes*.

México vive una situación inédita, no por la violencia revolucionaria que ha conocido el país a lo largo de su historia, en este caso la del siglo XIX, sino por la magnitud de esa nueva violencia y los significados complejos y contradictorios que acarrea: la esperanza en tiempos mejores.

Porfirio Díaz sale de la capital mexicana el 25 de mayo. Le acompañan su familia, el general Félix Díaz y Fernando y Manuel González. Victoriano Huerta, que se encarga de controlar asaltos y sobresaltos, custodia el tren en el que se va a Veracruz. El octogenario ex presidente dice antes de partir hacia Europa, el 31 de mayo: «Digan a Madero que no se vaya a rodear de las personas que me estuvieron engañando.» Fue despedido por «la alta sociedad porteña» y un regimiento de zapadores en la Dirección de Obras del puerto. «Al abrazar el caudillo a... Huerta, dicen que exclama: Ya se convencerán, por la dura experiencia, de que la única manera de gobernar bien al país es como yo lo hice», escribe Alfonso Taracena.

El 2 de julio de 1915, viernes, a las seis y media de la tarde, Porfirio Díaz muere en París, a la edad de ochenta y cinco años. Su cadáver es embalsamado y colocado en una caja herméticamente cerrada e introducida en otra caja de madera; el día 3, sábado, su cuerpo descansa en la iglesia de Saint Honore L'Eylau. El martes 27 de diciembre de 1921, los restos de Porfirio Díaz son trasladados a un mausoleo ubicado en la sección judía del cementerio parisiense de Montparnasse, donde reposan desde entonces. Con alguna frecuencia, ese lugar recibe flores frescas.

EL GOBIERNO INTERINO

Madero llega a la ciudad de México

La estrella de Francisco I. Madero brilla con gran intensidad sobre México. Apoya sin reservas al gobierno interino que preside León de la Barra y recuerda que éste «no tiene más apoyo en el poder que el de la opinión pública, y como ésta únicamente proclama los principios de la Revolución, podemos decir que el actual presidente de la República está enteramente con nosotros...». Como jefe de la Revolución, Madero promete su cooperación al Gobierno y que tiene «... el deber sagrado de contribuir al restablecimiento del orden y de la paz pública...».

Confiado, Madero sale en tren en compañía de cien hombres el 1 de junio de 1911 hacia la capital mexicana. Abandona el norte del país y, en su recorrido hacia el sur, recibe constantes muestras de cariño y simpatía, con cohetes y repiques de campana, en una marcha triunfal sin precedentes. El tren especial del Ferrocarril Central en el que viaja llega a la capital federal a las diez de la mañana del 7 de junio, acompañado de un temblor de madrugada que asusta a los capitalinos. Pero la fiesta que se le tributa en la ciudad de México compensa el pánico madrugador. En efecto, el susto que provoca el terremoto levanta más temprano que de costumbre a la gente y, entre agradecimientos a la Virgen por salvarles del desastre, se lanzaban también los eufóricos gritos a favor de Madero. Unas cien mil personas le vitorearon, recordando los viejos triunfos insurgentes del pasado. «Los gritos de vivas a Madero se escuchaban por todas partes y sin cesar un momento. Yo creo que es el grito que más profundamente ha penetrado en el alma del pueblo», apunta Miguel Alessio Robles.

Hay motivos suficientes para aclamarle como lo hace el pueblo mexicano, porque «era la reivindicación de la libertad individual para determinar la vida pública del país», escribe Daniel Cosío Villegas. «Si se recuerda cuán vieja era la lucha del mexicano por la libertad; si se recuerda cuánto había sangrado por lograrla; si se recuerda que la tuvo en sus manos, hasta abusar de ella, en la República Restaurada; si se recuerda, en fin, que durante el porfiriato la pierde hasta olvidar su pura imagen; si se recuerda todo esto, tendrá que admitirse que el "sufragio efectivo" era una bandera revolucionaria con toda la flámula roja destinada a subvertir un orden de cosas».

Tras el tren y el descanso, la entrada triunfal de Madero en coche descubierto, junto a su esposa. El «apóstol» de la revolución llega hasta el Salón de Embajadores del Palacio Nacional y saluda al presidente interino, Francisco León de la Barra. La plaza Mayor era «un océano de gente. Las torres de la catedral, los edificios adyacentes, parecían unas formidables fortalezas erizadas de cabezas humanas. Un espectáculo sorprendente», añade Alessio Robles en *Mi generación y mi época*. Comparado con el valor «arrogante» de Álvaro Obregón, el «olímpico» de Venustiano Carranza, el de Madero era «natural, como el de un niño». Llevaba en sus sienes «el halo misterioso y fascinador de un apóstol».

«Madero entró en la ciudad de México como un ciudadano particular; su entrada fue saludada por una vasta muchedumbre y marcada por una ceremonia, la cual se asemejaba más a un triunfo romano que a la bienvenida de un popular y democrático héroe», escribió el embajador norteamericano, Henry Lane Wilson.

Así lo contempla la gente en medio de aquella multitud delirante.

De la fiesta a la cruda realidad

Después del espontáneo plebiscito y baño de multitudes que
se da Madero, la cruda realidad impone nuevas conductas y tomas
de decisión. Madero no ha ganado aún nada, tampoco la revolución que impulsa. Es, sin embargo, la hora del gobierno interino.
Y su periodo también es corto, sólo cinco meses. Tiempo más que
suficiente para provocar nuevas discordias entre los revolucionarios y, como dice Eduardo Blanquel, tampoco pudo ser una res-
tauración. Lo resume en pocas líneas: «Unos porque vieron frustrado su acceso al poder; otros porque consideraron que transar
era liquidar la revolución; muchos porque sucumbieron a la intriga que desde el poder urdían para dividir al movimiento los
hombres del antiguo régimen.»

Así las cosas, Francisco I. Madero asume el poder con un partido seriamente desavenido.

Citemos para empezar varios puntos. Bernardo Reyes, después
de ser agasajado en Veracruz, se entrevista el 10 de junio en la ciudad de México con Madero y el presidente interino De la Barra. La
cita es en el castillo de Chapultepec. El general sin mando reitera
que acepta el nuevo orden y que no será candidato en las próximas
elecciones y acepta la oferta de Madero «de colaborar en su gabinete en caso de ser electo el coahuilense». Le ofrece la Secretaría de
Guerra y Marina. Para que no haya dudas, Reyes publica dos días
después un manifiesto en el que se adhiere a Madero «atendiendo...
los merecimientos que da el triunfo a favor de los principios de la
democracia» y declaraba que, «con todos los elementos simpatiza-
dores que me sigan, acepto la candidatura de Madero para la presidencia de la República».

Pero más pronto que tarde, Bernardo Reyes y los suyos notan la
oposición de los maderistas a la posibilidad de que el desembarca-
do general porfirista tuviera un lugar en el futuro Gobierno de
Francisco I. Madero. Viejos enemigos de Bernardo Reyes, como
Camilo Arriaga y Antonio Soto y Gama, entre otros, recordaban
quién era Reyes, el hombre que «no tuvo el valor para sostener su
candidatura frente a las bayonetas del tirano», que «obedeció sin

chistar la orden de ir al destierro» o «dejó morir en Quintana Roo a los oficiales reyistas...».

El 16 de julio, desde Puebla, Madero se dirige a Reyes diciéndole que Ernesto Madero le comunicó que, «habiendo usted notado cierta división en mi partido, con motivo de haberle invitado para que formara parte de mi gabinete en caso de llegar al poder y con el objeto de evitarme toda clase de dificultades, me dejaba en libertad de rescindir mi compromiso»; agrega que se guía por su conciencia y no por los dictados de sus simpatizantes, y así le deja libre de aceptar aquella oferta o de renunciar a la misma. Como escribe Benavides Hinojosa, vuelta a lo mismo: Reyes duda en decidirse a figurar como candidato a presidente...

Francisco I. Madero ya tiene ahí un frente abierto. Pero no es el único ni el último. La prensa porfirista, amordazada durante lustros, se encontró inesperadamente libre «sin que hubiera hecho nada para conquistar la libertad. No supo gozar de ella y se arrojó al pantano del libertinaje», escribe Silva Herzog. Por su parte el Congreso, que se dedica durante treinta años a aprobar las consignas de Díaz «y era visto como un obediente rebaño», en palabras de Fernando Benítez, con una libertad nunca soñada, «se convirtió en un vehemente opositor de Madero y no del presidente De la Barra». Entre otras cosas, convierte en *casus belli* el que se reembolsara a Gustavo Madero el dinero gastado por él en organizar la Revolución «con el propósito de minar el prestigio de la familia».

Así, se perfila una campaña contra los hombres de la Revolución y a favor del presidente interino y de los porfiristas que formaban parte de su Gobierno, entre los que no hay que excluir a los parientes del propio Madero: su tío Ernesto y su primo Rafael L. Hernández.

En el gabinete que preside provisionalmente De la Barra, figura Manuel Bonilla (Comunicaciones), que era, según Madero, «el único auténtico revolucionario»; los hermanos Emilio y Francisco Vázquez Gómez ostentan respectivamente Gobernación e Instrucción Pública; Rafael Hernández ocupa la cartera de Justicia (Madero deploraba su política conservadora, pero le creía honesto e íntegro); otro pariente conservador, Ernesto Madero, la Secretaría de Hacienda, «en gran parte debido a su larga experiencia como administrador financiero de las empresas de la familia». Se designa gobernador del Distrito Federal a Gabriel Robles Domínguez, que tuvo una participación «menor» en la oposición a Díaz. David de la Fuente, antirreeleccionista e insurgente, fue nombrado inspector general de la policía. En resumen, de los cargos importantes ocupados en los primeros días del gobierno interino, cuatro correspondieron a revolucionarios leales, tres a hombres conservadores aunque sin relación alguna con el régimen de Díaz, y sólo a dos hombres vinculados a la dictadura, recuerda Cumberland, para quien «el gabinete representaba en gran medida al nuevo orden».

Emiliano Zapata no se fía

Entre aquella multitud que vitorea a Madero a su llegada a México, se encuentra Emiliano Zapata. El revolucionario le plantea a su jefe el 8 de junio los problemas de Morelos: la desconfianza que tiene con el gobernador y los hombres de Figueroa y su temor a la desmovilización y a la entrega de las armas hasta que se cumplan los objetivos revolucionarios. Madero viaja al estado unos días después. En Morelos está cuatro días, escucha sus argumentos y los de otros grupos con intereses en la región, a quienes no gusta que Zapata siga siendo comandante de una fuerza militar. En Cuernavaca, Madero pasa revista a un contingente de mil revolucionarios zapatistas. Y viaja también a Guerrero. Después regresa a México. La prensa, *El Imparcial* entre ellos, pinta un cuadro de violencia, saqueo y rapiña en Cuernavaca; Madero cree que la situación no ha podido haber cambiado en pocos días, así que llama a Zapata a México. Conferencia con él y su hermano Gustavo, y aquél regresa a Morelos. La situación, sin embargo, es poco idílica, porque algunos grupos impacientes de Puebla y Morelos toman tierras «legal o ilegalmente controladas por los hacendados». Madero les pide a los propietarios de tierras que cooperen con las «concesiones que fueran compatibles con el recto sentimiento de la justicia», recuerda Magaña en *Emiliano Zapata,* que recoge Cumberland. No harán ninguna concesión y creen que la derrota del «ideal revolucionario» era vital para sus intereses, y Morelos era la primera prueba. Como dice Cumberland, «allí los reaccionarios podrían experimentar con los métodos de la contrarrevolución; allí, también, los reformadores sociales más ardientes podrían experimentar con la revolución total».

El 16 de junio Madero «empezó a considerar seriamente el futuro de la causa revolucionaria, pues es necesario trazar muchos planes y trabajar mucho. Ya habían empezado a reaparecer las fuerzas de la reacción y el partido revolucionario mostraba síntomas de desintegración».

Madero quiere participar más en las decisiones y choca con el presidente interino. En efecto, la situación es imprecisa: hay dos autoridades. A veces coinciden y en otras ocasiones no.

La designación de los gobernadores es una «tarea monumental» y acarrea muchos problemas, tensiones y contradicciones, tras la firma del Acuerdo de Ciudad Juárez. En algunos estados «había rivalidades por el cargo, mientras que en otros no había hombres calificados»; en otros, las legislaturas se negaban a colaborar y se insistía en nombrar a hombres «conocidos como opuestos a Madero», o se resistían a dejar el poder «a pesar de las órdenes del poder central», creando inestabilidad y confusión. Venustiano Carranza fue designado gobernador de Coahuila gracias a la amenaza de la fuerza militar y en Chihuahua la situación fue aún más peligrosa para aprobar a Abraham González como gobernador.

En este periodo provisional rompe con los hermanos Vázquez Gómez, más radicalizados. Le dicen a Madero que los problemas de México no son sólo políticos sino sociales y económicos; es necesario resolver el problema de la tierra: es urgente, subrayan, porque en caso contrario «lo resolverá una nueva revolución por su propia cuenta, como de hecho lo comienza a hacer». Además se oponen a que las tropas revolucionarias se licencien y entreguen sus armas; le critican ellos y otros que el ejército federal fuera el mismo del porfirismo.

A Madero los hermanos le defienden fuera y dentro del gabinete del presidente interino, oponiéndose al acuerdo de paz y tratando de sacar a los miembros del aparato del viejo régimen, para sustituirlos por revolucionarios. En este sentido, Emilio, como secretario de Gobernación, «fue la esencia del radicalismo» y eso le trajo problemas con la mayoría de los conservadores del gabinete. De la Barra, a su vez, nunca siente entusiasmo por Emilio Vázquez Gómez, hasta que consigue que abandone su equipo de gobierno. Madero apoya a De la Barra, cuando un grupo de jefes revolucionarios el 18 y el 21 de julio piden el cumplimiento del Plan de San Luis y la permanencia de Emilio en el gabinete. Les dice que no pueden exigirle al presidente interino cambios en el gabinete y a De la Barra le escribe: «estoy completamente de su parte». Al final, sale Emilio y le sustituye Alberto García Granados en Gobernación, que, entre otras cosas, se cubre de gloria cuando afirma, meses después, que «la bala que mate a Madero será la salvación del país».

Madero disuelve el Partido Antirreeleccionista

El 9 de julio Francisco I. Madero anuncia al país la disolución del Partido Antirreeleccionista, el arma política con que se presenta a las elecciones de 1910 en compañía de Francisco Vázquez Gómez. Esta medida dividió aún más a los revolucionarios; la medida fue calificada de arbitraria y «antidemocrática». Por ese motivo un grupo desconoce a Madero y designa como su jefe a Vázquez Gómez.

Madero nombra un comité central para organizar un nuevo partido político, que, entre otros, está formado por Juan Sánchez Azcona, Alfredo Robles Domínguez, Jesús Flores Magón, José Vasconcelos y Roque González Garza. La nueva institución se llama Partido Constitucional Progresista. Al mismo tiempo se crean otros partidos, como el Liberal, formado por Camilo Arriaga, Juan Sarabia, Antonio Díaz Soto y Gama, Antonio I. Villarreal, entre otros, así como el Partido Liberal Radical, el Partido Católico Nacional. Como dice Jesús Silva Herzog, «el país se hallaba entregado a la actividad política en una atmósfera cargada de peligros, pero gozando de absoluta libertad».

La paradoja es que, aunque Madero vence a la dictadura con la fuerza de las armas, se despoja de éstas, respetuoso de la legalidad, en medio de una «ficción democrática que le destruía lenta y seguramente»: desmoviliza sus tropas (salvo en Morelos, porque ahí quieren garantías de que la tierra será devuelta a las comunidades), deja al ejército porfirista intacto (que choca con las fuerzas revolucionarias en una atmósfera de mutua animadversión), disuelve su partido político y, en cuanto puede, se inclina por los federales (más disciplinados) que por las propias fuerzas que le llevaron al triunfo militar (inexpertos e improvisados). En una ocasión (escaramuza entre ambas fuerzas en Puebla, el 12 de julio) felicita al general Luis G. Valle, jefe de la zona militar, al 29 Batallón y especialmente al coronel Blanquet. «Habló de actos vandálicos y de que los soldados revolucionarios debían cuanto antes ser licenciados».

Francisco León de la Barra

Su amigo Federico González Garza le advierte a Madero que está rodeado de enemigos, que su optimismo, lejos de ser una virtud, se ha convertido en grave defecto: «de esta creencia mía participan, créalo usted, amigo mío, todos los que se toman el trabajo de observar los hechos; pues son los acontecimientos los que nos traen a la convicción de que usted sigue mirando las cosas tras un prisma engañador de su optimismo, y empleando aún los primitivos procedimientos para dominar la situación...», le escribe el 18 de julio de 1911.

No parece, ante los ojos de una prensa capitalina que exagera sus defectos, el salvador de la patria, sino una especie de Atila que genera desconfianza entre el pueblo. «Usted está perdiendo prestigio —insiste su sincero amigo—, porque no se le considera bastante enérgico para dominar a los numerosos elementos anárquicos cuya agitación va siendo cada vez mayor.»

González Garza se refiere con tonos severos a la actitud del presidente interino Francisco León de la Barra. Le considera desleal e hipócrita, un hombre al servicio de los intereses del viejo régimen caído: «El simple testaferro de calidad, pero al fin testaferro, se rebela contra el transitorio papel que las partes le han confiado en una empresa en que se juega el bienestar o la desgracia de todo un pueblo, y allí donde el verdadero mandante, la Revolución, por voz de su caudillo, dispone lo que debe hacerse para favorecer la resolución de uno de sus postulados, el económico-social, sin necesidad de que se derrame una sola gota más de sangre mexicana, el simple intermediario, envanecido y envalentonado por las adulaciones y el apoyo de la reacción que en realidad no ha sido aún arrojada del poder, equivoca trágicamente su papel, confunde la salud del pueblo con la estabilidad y prestigio de su efímera administración y, lleno de arrogancia y vanidad, prefiere que el estado de Morelos se convierta en un hacinamiento de ruinas humeantes antes que consentir se entablen negociaciones pacíficas para satisfacer, hasta donde sea posible, las demandas de aquel pueblo infortunado.»

Madero, sin embargo, mira hacia otro lado, incomprensiblemente. Cuando Emilio Vázquez Gómez deja Gobernación, el 2 de agosto, Madero le dice a su hermano, Francisco Vázquez, según cuenta éste en sus *Memorias políticas*:

> «—Ya ve usted, ahora el Ministerio de Gobernación es una oficina decente, mientras que cuando estaba su hermano no había más que pelados.
>
> —Ahora les llama usted pelados, pero durante la campaña les llamaba correligionarios —le responde Francisco Vázquez Gómez—, pues a esos que usted llama pelados se debe el triunfo de la Revolución y a ellos les deberá ser presidente de la República.»

La situación del país no es la ideal para consolidar la transición. Morelos y Emiliano Zapata se agitan. Madero pierde amigos y gana enemigos. Los Estados Unidos amenazan, como siempre. El presidente interino, Francisco León de la Barra, controla el poder Ejecutivo y maneja un gabinete entre lo nuevo y lo viejo, fruto de un pacto cuestionado por unos y elogiado por otros.

Francisco León de la Barra es un miembro prominente del viejo régimen, criollo de origen chileno, diplomático de carrera. De pequeña estatura, tenía la piel sonrosada, blancos los bigotes, el pelo, los altísimos cuellos, la pechera almidonada y los guantes. Su *pinznez*, velándole ligeramente los ojos maliciosos, aumentaba —si esto era posible, dice Fernando Benítez— su innata distinción y pedantería. Para decirlo en el lenguaje de la época, «su espíritu venenoso y seductor parecía una víbora enroscada en un ramillete de flores o aparentemente dormida entre los pliegues de un manto de armiño». Educado en los salones y en las intrigas cortesanas, conocía a fondo el derecho y «obviamente no sentía la menor simpatía por Madero ni por nada que supusiera un cambio, aunque su presencia en palacio se debiera precisamente a la Revolución».

Es embajador de México con Porfirio Díaz en Washington (1908-1910) y secretario de Relaciones Exteriores, del 25 de marzo al 25 de mayo de 1911, cargo que deja para ocupar la presidencia interina, tras los Acuerdos de Ciudad Juárez. Su tarea principal es convocar elecciones presidenciales para octubre de 1911 y restablecer la paz social mediante negociaciones con las partidas rebeldes que aún no deponen las armas. Su severa actitud en Morelos, contra los grupos de Emiliano Zapata, que demandan cambios reales (devolución de tierras a las comunidades), provoca una sangrienta campaña militar contra los rebeldes zapatistas: De la Barra nombra gobernador y jefe militar a Ambrosio Figueroa para «pacificar» el estado, pero al final Zapata lanza, el 28 de noviembre de 1911 (Madero ya es presidente constitucional de la República), el Plan de Ayala y le desconocen como presidente. En la represión contra el terco Emiliano Zapata participa luego el general Victoriano Huerta, mientras Madero, sin poder legal, intenta ganarse al rebelde sureño. Las acciones del presidente interino contra Zapata consiguen al final la enemistad entre él y Madero.

Se lanza a la campaña política también Bernardo Reyes, el 9 de agosto, en tanto que el Partido Constitucional Progresista nomina, el 31 de agosto, a Madero y José María Pino Suárez candidatos a la presidencia y vicepresidencia. Madero es un pacificador en Morelos, y Huerta, el brazo del ejército represor contra Zapata. El 18 de agosto Madero acusa a Bernardo Reyes —no a De la Barra y García Granados— de que Huerta sigue instrucciones represivas ordenadas por Reyes. En Cuautla así lo expresa: le acusa de incrementar la represión para justificar la mano dura dictatorial y militar... y, aunque reconocía no tener pruebas fehacientes, tenía «la prueba moral y la certidumbre» de que don Bernardo fomentaba todo el conflicto. Más adelante, de nueva cuenta, Reyes opta por retirarse de la contienda electoral, para protagonizar una revuelta, organizada desde Estados Unidos, contra Madero.

La amenaza norteamericana

En estas circunstancias, y su breve interinato de cinco meses, De la Barra saca a relucir sus conocimientos con relación al país qué alguna vez le acoge como representante del régimen mexicano, los Estados Unidos. A este país le interesa que el gobierno interino garantice la vida de sus ciudadanos y, sobre todo, sus intereses económicos. Hasta donde pudo, apuntan Lorenzo Meyer y Josefina Zoraida, De la Barra fue sensible a esas peticiones y respondió positivamente a las demandas de protección, a veces exageradas, del embajador Henry Lane Wilson. No hubo problemas, finalmente, en este sentido y los círculos norteamericanos interesados en México «esperaron con cauteloso optimismo el advenimiento de la Administración de Madero, abiertamente comprometido con una reforma política democrática, pero nada más».

A pesar de la aparente tranquilidad en las esferas norteamericanas en México y en Estados Unidos, este país mantendrá una política agresiva contra las nuevas autoridades mexicanas, interviniendo de forma descarada en la vida de un país soberano, por una parte, y amenazando con una invasión, por otra. No sobra recordar que, desde el comienzo de la revolución maderista, el presidente de Estados Unidos, William H. Taft, y el secretario de Estado, Philander C. Knox, reiteraron su confianza en el gobierno de Porfirio Díaz, pero por las intrigas de su embajador Lane Wilson desde marzo de 1911 empezaron a dudar y acabaron pensando que el país iba a la anarquía.

De ahí el interés norteamericano de controlar los dos focos principales opositores a Díaz: California, por los hermanos Flores Magón, y Texas, por Francisco I. Madero. Las autoridades norteamericanas mantendrán meses más tarde la vigilancia en las fronteras, para mantener a raya a Bernardo Reyes, mientras prepara en ese país una invasión contra el Gobierno de Madero, igual que contra los partidarios de Orozco o Vázquez Gómez. Por lo pronto, Washington amenaza y tranquiliza con circulares durante la faceta revolucionaria de Madero, en relación a sus ciudadanos y sus bienes en México. Las intrigas de Lane Wilson hacen efecto y reclama a su gobierno que Díaz está sentado en un volcán, que 40.000 ciudadanos norteamericanos y los mil millones de dólares de intereses en México serían dañados. Ya se ha dicho que el presidente moviliza a 20.000 soldados por la frontera texana y envía barcos de guerra a los puertos mexicanos.

Zapata se rebela

En efecto, el Acuerdo de Ciudad Juárez establece el desarme de los revolucionarios, pero De la Barra «lo aceleró y llevó más allá de lo acordado», al decretar que debería quedar concluido el 1 de julio; al que no obedeciera se le trataría como bandido. Esto da pie a otra sentencia que se acuña en la mente histórica de esta etapa: «el gobierno no trata con bandidos».

Esta situación crea malestar entre los revolucionarios, opuestos a entregar las armas, porque era como entregar la Revolución al antiguo ejército porfirista, al que halaga y condecora el presidente interino. El descontento entre grandes sectores de la población se incrementa y uno de los más serios conflictos ocurre en Morelos. Ahí Emiliano Zapata exige el cumplimiento del Plan de San Luis y se niega a entregar las armas. Madero interviene en varias ocasiones en el conflicto y se entrevista varias veces con el líder guerrillero. Le promete a Zapata que el problema se resolverá «legalmente» y consigue, además, que en tres ocasiones se inicie el desarme de los zapatistas.

—La condición esencial es que usted debe continuar teniendo fe en mí como yo la tengo en usted —afirma Madero.

—Yo siempre seré el más fiel de sus subordinados —responde Emiliano Zapata.

Dice Berta Ulloa que «los fracasos se debieron a diversas causas ajenas a Madero y Zapata: unas veces fue por el contubernio del gobernador de Morelos, Juan N. Carreón, y los hacendados; otras porque el secretario de Gobernación, Emilio Vázquez Gómez, volvía a pertrechar a los zapatistas o porque su sucesor en dicha Secretaría, Alberto García Granados, apoyado por De la Barra, envió grandes contingentes militares a Morelos al mando de Victoriano Huerta, quien hizo todo lo posible para que las operaciones fueran más cruentas, hasta caerles traicioneramente el 23 de agosto, cuando iniciaban por tercera vez el desarme. La traición ocasionó que Madero se distanciara de De la Barra; que los zapatistas lanzaran sus ataques hasta Milpa Alta y que por ello el Congreso de la Unión interpelara al presidente; una crisis ministerial y la renuncia de Francisco Vázquez Gómez. De la Barra puso fin a su gobierno un mes antes de lo acordado».

Francisco León de la Barra se fue al exilio italiano y alcanzó renombre internacional, en instituciones europeas. Deja el interinato unas reservas en la caja del Tesoro de 48 millones de pesos, tras pagar las «cuentas normales» que deja el gobierno de Díaz, y seis millones por concepto del licenciamiento de las tropas revolucionarias, incluyendo el pago de 600.000 pesos de un préstamo que hizo Gustavo Madero «y que eran propiedad de inversionistas franceses». Volvió a México en abril de 1912 para dirigir un partido católico; más tarde ocupa la cartera de Relaciones Exteriores en el primer gabinete de Victoriano Huerta, del 19 de febrero al 8 de julio de 1913. Este mes se le acreditó como embajador en Francia y no regresó al país.

No le importó, sin embargo, contribuir a que Francisco I. Madero rompiera relaciones con Emiliano Zapata. Una amistad muy peligrosa para el porfirismo sin Porfirio Díaz. Madero pide el 15 de agosto al presidente provisional De la Barra «amplias facultades» para viajar desde Cuernavaca a Cuautla y arreglar personalmente con Zapata la entrega de las armas y licenciar a su ejército; el jefe guerrillero quiere garantías. Madero llega a Cuautla, pero De la Barra ya ha enviado tropas a Cuernavaca. Aumenta la desconfianza no sólo contra el presidente De la Barra, sino contra Victoriano Huerta y Blanquet. La desconfianza no es sólo de los zapatistas; la madre de Madero le escribe una carta en la que le pide: «... que quites las fuerzas federales. No andes con contemplaciones, impone un poquito al mismo De la Barra, porque si no tendremos que batallar [...] hay que quitar a Huerta [...] a Blanquet, haz por mandarlos lejos, están haciendo la contrarrevolución».

El 20 de agosto, el «paciente Madero» logra que Zapata acceda a licenciar sus tropas en Cuautla y así lo telegrafía al presidente. Todos los requisitos impuestos por Madero se cumplen, acordados con Zapata (Eduardo Hay sería nombrado gobernador provisional en Morelos, Raúl Madero dirigiría unas fuerzas revolucionarias para mantener el orden, los federales se concentrarían en Cuernavaca y, retiradas pronto, del estado de Hidalgo vendría una guarnición de ex revolucionarios y la desmovilización de los hombres de Zapata se reanudaría inmediatamente). Después de pasar los dos revistas a las fuerzas zapatistas, se inicia la diferida entrega de las armas. Madero le ha telegrafiado a De la Barra para que ordene la salida de las tropas federales de Huerta y Aureliano Blanquet: «Las noticias que usted ha recibido con respecto a los desmanes de Zapata son grandemente exageradas [...], sé lo que se dice de Zapata en la ciudad de México y eso no es exacto. Los hacendados le odian porque es un obstáculo para la continuación de los abusos y una amenaza para sus inmerecidos privilegios.»

De la Barra piensa lo contrario, que «es desagradable» tratar con Zapata; reafirma sus condiciones y defiende a Huerta como «militar pundoronoso y leal». El 22 de agosto el presidente decide enviar tropas federales a Cuernavaca y el 23, contra lo pactado, Huerta ocupa la población de Yautepec y avanza sobre Cuautla. Zapata deja ir a Francisco I. Madero y se prepara para luchar.

Zapata se siente engañado por Madero y éste por Huerta, Blanquet, Carreón, el gobernador de Morelos, con De la Barra (por casi todo el mundo). No da crédito a que la operación de desmovilización haya fracasado por Huerta; está convencido de que ha habido un error. Pero no había error ninguno; Raúl Madero fue notificado de que, en vista de que la desmovilización había sido una farsa, el Gobierno había dictado los medios necesarios para asegurar las vidas y haciendas del estado, que tanto habían sufrido. Así lo reconoce Raúl Madero a Robles Domínguez. A consecuencia de ello, Zapata pide la devolución de sus armas, pero Raúl se niega, hasta tener más información sobre las circunstancias. A los pocos días el Consejo de Ministros de De la Barra decretó la guerra abierta; Zapata pide y obtiene de Raúl la devolución de parte de sus armas. Huerta no encuentra a ningún zapatista. A partir de ese momento se incrementa la guerra de guerrillas. El 30 de agosto se libra una batalla entre zapatistas y federales en Chinameca: había estallado la rebelión en Morelos.

Francisco I. Madero por su parte, en una carta amarga al presidente Francisco de la Barra, escrita el 25 de agosto, sobre la actuación de Huerta, dice que «este general es bien conocido en todas partes por sus antecedentes reyistas. Usted ha visto el modo tan indigno como me trató en Cuernavaca, pues a pesar de que tenía instrucciones de usted de obrar de acuerdo conmigo, no sólo no lo hizo, sino que se burló de mí. Además, todos sus actos han tendido a provocar hostilidades en lugar de calmarlas. Pues bien, el nombramiento del general Huerta no fue sugerido por su actual subsecretario de Guerra, que era el indicado para ello, sino por personas extrañas, puesto que usted hizo la designación directamente. Comprendo que está usted, bajo el punto de vista constitucional, en perfecto derecho de hacerlo; pero si usted siguiera obrando de acuerdo con el partido nuestro, que es el 99 por 100 de la nación, hubiera preferido inspirarse con el subsecretario de Guerra, y no con personas extrañas».

Al margen de los elementos (intrigas) que rodearon a Madero y a Zapata, para romper sus relaciones, se observa que entre ambos hay concepciones distintas de ver el mundo y la vida; Zapata habla desde «un pasado histórico remoto, reivindicaba derechos coloniales, un orden casi mítico con la tierra». Madero, por su parte, era un liberal rico que no entendía la propiedad comunal de la tierra. «Pero también era un demócrata, un cristiano igualitario que, al contrario que De la Barra, respetaba a Zapata. Madero y Zapata diferían en los procedimientos. Les separaron los hombres y los intereses. No obstante, en términos de dignidad humana sus fines no eran distintos», en palabras de Enrique Krauze.

Con todo, en medio de la rebelión zapatista, las elecciones presidenciales cumplen con su papel histórico: el pueblo vota a Francisco I. Madero como presidente de México y a Pino Suárez como su vicepresidente. Termina el régimen ambiguo del presidente interino y el país alcanza un nuevo orden constitucional, tras la dictadura porfirista.

Capítulo X

FRANCISCO I. MADERO, PRESIDENTE DE MÉXICO

F RANCISCO I. Madero no puede cumplir sus promesas contempladas en el Plan de San Luis y carece de argumentos para desarmar a Emiliano Zapata, que desconfía del «apóstol» como de su sombra. Y aun así, el receloso sureño dio muestras, hasta el rompimiento, de que tenía buena voluntad, incluso tomando en cuenta la ofensiva reaccionaria impulsada por el presidente interino, que vino a ser como un caballo de Troya para los porfiristas sin Porfirio Díaz.

El cordero entre lobos

De pronto, el bueno de Madero parece un cordero rodeado de lobos y hienas. El secretario de Gobernación, García Granados, concreta la política del Estado con la frase de que «el Gobierno no trata con bandidos». La ofensiva del presidente interino contra los zapatistas es infructuosa porque éstos nunca presentan un frente concreto; son como sombras, atacan y desaparecen, se camuflan como lo que son, campesinos amantes de su tierra. Emiliano Zapata

159

también aparece y desaparece, a conveniencia. El foco agrario planteado en Morelos, lejos de concluir, crece como la espuma.

Mientras tanto, entre julio y agosto se crean varios partidos políticos y los que ya existían reanudan sus actividades para la campaña presidencial. Participa también, rompiendo su palabra, el general Bernardo Reyes. El Partido Constitucional celebra su convención con un programa similar al del Antirreeleccionista de 1910, pero añadiendo algunas reformas para que los procedimientos judiciales fueran más efectivos y dieran más garantías a la libertad individual, entre otros puntos. A pesar de sus discrepancias, todos los partidos revolucionarios envían representantes a la convención y, por unanimidad, se designa candidato presidente a Francisco I. Madero. Sin embargo, la elección del vicepresidente no causa unanimidad, sino serias discrepancias. Hay varios candidatos: Francisco Vázquez Gómez, José María Pino Suárez, Fernando Iglesias Calderón y Alfredo Robles Domínguez. Los dos últimos son eliminados con facilidad, pero Madero se inclina por Pino Suárez, a pesar de que su contrincante tiene más peso específico. Al final se decide que la pareja para presidente y vicepresidente sean Madero y Pino Suárez. La campaña electoral del candidato a presidente, a pesar de que ha bajado su popularidad, contrarresta la hostilidad que había generado la elección del candidato a vicepresidente. La personalidad de Madero sigue siendo «suficientemente fuerte» para enderezar la nave política. El éxito se ve coronado al final, el 1 y 15 de octubre, con unas elecciones democráticas. Madero es el nuevo y flamante presidente constitucional de México.

Emiliano Zapata, sin embargo, persiste en su actitud. Quiere que el Gobierno cumpla su promesa: la restitución de las tierras; sin embargo, los yaquis de Sonora, rebeldes también, consiguen que Francisco I. Madero, en representación del Gobierno, firme un acuerdo el 1 de septiembre con esa comunidad: aceptan rendirse a cambio de la restitución de sus tierras. Por otro lado, persisten los anarquistas de Flores Magón y el día 23 de septiembre, con la firma de Ricardo, aparece un largo manifiesto al pueblo de México, en el que, entre otras cosas, afirma que ven con «simpatía vuestros esfuerzos para poner en práctica los altos ideales de emancipación política, económica y social, cuyo imperio pondrá fin a esa ya bastante larga contienda del hombre contra el hombre, que tiene su origen en la desigualdad de fortunas que nace del principio de la propiedad privada...».

Francisco I. Madero toma posesión de su cargo el 6 de noviembre de 1911, en la Cámara de los Diputados. Fue escoltado hasta la Cámara Baja por un grupo regular de «soldados ex revolucionarios», con su traje típico de charro, al mando del general Pascual Orozco, hijo, por la zona norte. También lo hizo, «representando» a los revolucionarios del sur, Ambrosio Figueroa. Y a la salida, «la flamante guardia presidencial» con uniformes de gala, le escolta hasta el Palacio Nacional, donde De la Barra le entrega el poder. Su gabinete queda formado por Manuel Calero (Relaciones Exteriores), Abraham González (Gobernación), Ernesto Madero (Hacienda), general José González Salas (Guerra y Marina), Manuel Vázquez Tagle (Justicia), Rafael L. Hernández (Fomento, Colonización e Industria), Manuel Bonilla (Comunicaciones y Obras Públicas), Miguel Díaz Lombardo (Instrucción Pública y Bellas Artes).

Se trata de un gabinete en el que, para unos, Madero muestra su voluntad de conciliación, por incluir a la mayoría de los secretarios del ex presidente interino Francisco León de la Barra y reforzar el ala conservadora con Manuel Tagle y la revolucionaria con Abraham González y Miguel Díaz Lombardo. Del nuevo Gobierno y primero de Madero, sólo Manuel Bonilla y Abraham González han participado en la revolución. «Recuerdo que por aquellos días comenzó a decirse: Madero va a gobernar con sus enemigos contra sus amigos», escribe Jesús Silva Herzog.

Madero cree que con ese equipo «político» se han acabado los problemas (económicos y sociales) y puede guiar la nave mexicana por la vía de la democracia. No se da cuenta que es un cordero rodeado de lobos. El presidente constitucional tendrá que hacer luego reajustes en su gabinete para atender problemas de orden público en algunos estados (Abraham González reasume el gobierno en Chihuahua y el general Salas entra en campaña contra los rebeldes del norte, encabezados por Pascual

Orozco; Manuel Calero asume la embajada en Washington para evitar roces con su enemigo Pino Suárez; Manuel Bonilla reemplaza a Jesús Flores Magón). El Congreso fue el mismo «porfirista» hasta el 31 de mayo de 1911 y se ha visto cómo fue beligerante. Al entrar en funcionamiento la XXVI legislatura —electa el 30 de junio en las primeras elecciones directas que se efectuaron en el país—, se integra con una minoría de diputados de oposición y «una mayoría maderista indisciplinada». El poder judicial mejora y «recobra su independencia», pero la mayor parte de sus miembros son porfiristas. El Senado desacredita también sus reformas. En los estados la agitación no cesa y hay movimientos para todos los gustos, de tendencia revolucionaria y contrarrevolucionaria, encabezados por Emiliano Zapata, Emilio Vázquez Gómez, Pascual Orozco, Bernardo Reyes y Félix Díaz, sobrino de su tío Porfirio Díaz.

Madero gobierna sólo quince meses en medio del huracán revolucionario de algunos grupos descontentos y presionado por los conservadores y reaccionarios del porfirismo. Además de la rebelión de Zapata, su gobierno se enfrenta a tres rebeliones serias: las de Bernardo Reyes, Pascual Orozco y Félix Díaz. Su gestión puede calificarse como un ejercicio milagroso y un acto de «supervivencia». Su equipo de trabajo, creado, como se ha dicho, con un espíritu de «conciliación ideal», fue inestable y poco eficiente. La prensa, libre con Madero, le ataca indiscriminadamente, con apodos, chistes y rumores.

«Al presidente Madero le acusaron aquellos periódicos, y muchos tribunos también, de ser corto de estatura; de no tener el gesto adusto y duro de mirar; de ser joven; de querer a su esposa y respetarla; de amar y respetar a sus padres; de no ser general; de decir discursos; de comer sujetándose a la dieta vegetariana por estar enfermo del estómago; de tener hermanos; de ser optimista; de no tener miedo; de haber saludado a Emiliano Zapata dándole un abrazo y de haberle dicho, tratando de atraerle al sendero de la paz, que le creía un hombre integérrimo; de no ser asesino; de estudiar el espiritismo y ser masón; de ser nepotista —sin fijarse en que su nepotismo lo ejerció para exponer a sus familiares a los riesgos de la guerra—; de haber subido en aeroplano; de bailar y, naturalmente, de haber impuesto a Pino Suárez», escribió Manuel Bonilla.

Los ataques de la prensa no sólo se dedicaban al presidente, la ofensiva se dirigía también contra algunos miembros de su gabinete. Sin duda esta prensa libre, contra la que Madero se negaba a revivir *La ley Mordaza* de la dictadura porfirista, era uno de los riesgos de la democracia. Por un lado, *El Mañana* recuerda los viejos tiempos con estas líneas: «¿Qué nos queda del orden, la paz, la prosperidad interna y del crédito, del respeto y prestigio en el extranjero que México gozaba bajo el gobierno del general Díaz?» Por el otro, el hermano del presidente, Gustavo, recuerda: «los diarios muerden la mano que les quita el bozal». Tampoco fusila el presidente, como recordará meses más tarde el embajador cubano en México, Márquez Sterling; por eso no se hace respetar, según los resabios del pasado. Francisco I. Madero, observando la ofensiva mediática y guerrera de los mexicanos rebeldes, quiere ser coherente, evitando los recursos de la dictadura: «prefiero hundirme en la ley que sostenerme sin ella».

Francisco Bulnes, nada sospechoso de ser partidario del presidente, escribió años más tarde que «la prensa dirigía una campaña salvaje a favor del regicidio». José Juan Tablada escribe por su parte la farsa llamada «Madero Chantecler», que entre otras cosas dice:

> ¡Qué paladín vas a ser!,
> te lo digo sin inquinas.
> Gallo bravo quieres ser,
> y te falta, Chantecler,
> lo que ponen las gallinas.

Los retos del presidente de la República son grandes y complejos. Investido con la banda presidencial, sin embargo el poder le era cuestionado por dos fuerzas que mantienen críticas y amenazas. Stanley R. Ross las resume de la siguiente manera: Por un lado están los defensores del régimen porfirista, la burocracia, el clero y los intereses extranjeros. «Estaban atrincherados, y el periodo de interinidad les había impedido rehacer sus filas. Dominaban en la legislatura, en el poder judicial, en el servicio social, en la prensa y en el ejército. Con la excepción de algunos revolucionarios convertidos en fuerza federal, Madero tuvo que depender del viejo ejército federal.»

Esos defensores del régimen anterior contaban con las tendencias conservadoras de la propia familia de Madero. El elemento conservador temía y se oponía a las reformas. Aclamaban a todo antagonista del Gobierno en su afán de destruirlo. Madero, como se ha dicho, tendrá que contrarrestar los golpes sucesivos de Reyes, Orozco y Félix Díaz.

«Por otro lado —sigue Ross—, estaban las exigencias de los elementos de la revolución. Con las aspiraciones inculcadas y estimuladas, el pueblo esperaba y exigía grandes cambios económicos y sociales. La rebelión de Zapata, originalmente fomentada por la acción de los elementos conservadores, fue el resultado de esas exigencias y produjo otra amenaza a la estabilidad y un quebranto de los recursos del Gobierno de Madero.» En algunas ciudades las huelgas y los disturbios en zonas rurales, así como un número de rebeliones locales, contribuyen a la inestabilidad.

Se ve el presidente atrapado en dos aguas, la revolucionaria y la contrarrevolucionaria, aunque según Molina Enríquez, que a menudo le criticaba, le ve más partidario de la primera, pero no reconoció Madero «la urgencia de resolver las demandas de la revolución». El presidente sobrelleva este «difícil periodo con una sonrisa que expresaba su confianza», apunta Ross, pero a su vez José Vasconcelos, ante las críticas contra Madero, por no cumplir sus promesas, dice que «... importa tanto dar a conocer lo que Madero intentó, proyectó y todo lo mucho que no le dejamos realizar». Lo que da pie a Ross para añadir que, cuando el presidente empezó a formular un programa económico social, «estimuló la actividad oposicionista de los intereses conservadores. Considerando las condiciones, obstáculos y la oposición encontrada en tan corto período, sus esfuerzos y actividades constructivas fueron notables y sus realizaciones no del todo insignificantes».

LAS REBELIONES

El Plan de Ayala

Hemos dicho que el 30 de agosto se libra una batalla entre zapatistas y las tropas del ejército federal en Chinameca: a pesar de las escaramuzas anteriores, aquí es cuando empieza realmente la rebelión en el estado de Morelos. La revolución se traslada al sur del país. Primero el gobierno interino y luego el constitucional de Francisco I. Madero; la ofensiva contra Zapata y sus hombres se intensifica para acabar con este foco de rebeldía. Encabeza el malestar Emiliano Zapata, originario de San Miguel de Anenecuilco, Villa de Ayala, Morelos, el penúltimo de los diez hijos de una familia, al que desde los primeros tiempos de su rebeldía, le indigna que los federales les griten a sus hombres «bandidos comevacas».

A pesar de los intentos de conciliación entre Madero y Zapata, cuando Francisco I. Madero llega a la presidencia, el rompimiento es total. El último intento para encauzar los acuerdos, es decir, paz por territorio (usurpado) a las comunidades, lo protagoniza el ingeniero Alfredo Robles Domínguez: retiro del gobernador de Morelos, Ambrosio Figueroa; nombramiento de Raúl Madero y una «pálida» mención al problema de la tierra: «se dará una ley agraria procurando mejorar la condición del trabajador del campo». Pero Madero, en una decisión que se considera lamentable, le invita a «rendirse a discreción y salir del país... Su actitud de rebeldía está perjudicando mucho a mi Gobierno». Existe sin embargo una oferta del presidente Madero a Zapata en forma verbal, menos drástica. Esta comunicación, sin embargo, nunca fue dada a conocer al rebelde sureño ante la ofensiva federal del general Arnoldo Casso López.

A partir de este momento hay poco que hacer. Emiliano Zapata le escribe días más tarde a Gildardo Magaña la esencia de su discordia:

> «Yo, como no soy político, no entiendo de esos triunfos a medias; de esos triunfos en que los derrotados son los que ganan; de esos triunfos en que, como en mi caso, se me ofrece, se me exige, dizque después de triunfante la revolución salga no sólo de mi Estado, sino también de mi patria...
>
> Yo estoy resuelto a luchar contra todo y contra todos sin más baluarte que la confianza, el cariño y el apoyo de mi pueblo.»

Francisco I. Madero, ante los ojos de Zapata, es un hombre débil que no sabe cómo imponerse a Francisco León de la Barra, primero, y luego al general Victoriano Huerta, el hombre que le acosa a sangre y fuego. Total, el último gesto conciliador concluye drásticamente. Madero dice que, tras la rendición incondicional, «entonces perdonaré a sus soldados por el crimen de rebelión». Zapata manda decir a Madero: «Ya puede ir contando los días que corren, pues dentro de un mes estaré en México con 20.000 hombres y he de tener el gusto de llegar a Chapultepec y... colgarle de uno de los sabinos más altos del bosque.»

En efecto, Zapata puede tolerar algunas cosas, que el hombre mate o robe por necesidad, «pero al traidor no le perdono».

Francisco I. Madero tiene, como afirma Stanley Ross, un problema heredado del periodo provisional de De la Barra. «Si en todo ese tiempo el consejo de Madero hubiese sido seguido, los insurgentes de Morelos no hubieran sido tan desconfiados, ensañados e impacientes. Las fuerzas de Zapata permanecieron sobre las armas y sus exigencias por la reforma inmediata fueron más insistentes que antes.»

Para Zapata la lucha no es nada nuevo: ha peleado por las tierras contra Porfirio Díaz, Francisco León de la Barra y ahora lo hace contra Francisco I. Madero. «Que sepa el señor Madero, y con él el resto del mundo, que nosotros no depondremos las armas hasta que no estemos en posesión de nuestras tierras.»

El Plan desconoce a Madero como presidente

Por tanto, al poco tiempo de ser presidente de la República, Zapata lanza el 28 de noviembre de 1911 el Plan de Ayala (suscrito en la población montañosa de Ayoxustla con fecha del día 25), con las firmas de Otilio Montaño, su hermano Eufemio Zapata, Francisco Mendoza, Rafael Sánchez, Jesús Morales, Agustín Cázares y Próculo Capistrán, entre otros. El Plan tiene cincuenta y cuatro firmas, entre generales, coroneles, capitanes, un teniente (Alberto Blumenkron) y un secretario (L. Franco). La redacción recae sobre todo en el maestro de escuela Otilio Montaño y Emiliano Zapata. En el Plan se dice que Madero no ha llevado a buen fin la Revolución y que debe dimitir del cargo de presidente. Se trata en esencia de un plan agrario y local en sus ideas de reforma. Los campesinos ocuparían inmediatamente la tierra de la que han sido despojados. Además una tercera parte de la tierra de las posesiones privadas sería expropiada, previa indemnización, para proveer de tierras a los ejidos y a los campesinos. Además se amenaza con la nacionalización de las dos terceras partes de la propiedad de aquellos que se opongan. Los revolucionarios sureños lamentan así mismo que la nación está «cansada de hombres falaces y traidores que hacen promesas como libertadores, pero que al llegar al poder se olvidan de ellas y se constituyen en tiranos».

El Plan de Ayala se publica en la prensa de la ciudad de México con la «autorización» de Madero y demuestra «una vez más que la prensa era libre».

En el plan se nombra para ejercer las funciones ejecutivas de la Revolución a Pascual Orozco, el militar «más prestigiado del maderismo», y en su lugar, en caso de no aceptar, a Emiliano Zapata. Los puntos más importantes del Plan de Ayala están comprendidos en los puntos 6, 7 y 8.

«6.º   Como parte adicional del Plan que invocamos, hacemos constar que los terrenos, montes y aguas que hayan usurpado los hacendados científicos o caciques a la sombra de la tiranía y de la justicia penal entrarán en posesión de estos bienes inmuebles desde luego los pueblos o ciudadanos que tengan sus títulos correspondientes a esas propiedades, de las cuales han sido despojados, por la mala fe de nuestros opresores, manteniendo a todo trance con las armas en la mano la mencionada posesión, y los usurpadores que se consideren con derecho a ellos lo deducirán ante tribunales especiales que se establezcan al triunfo de la Revolución.

7.º   En virtud de que la inmensa mayoría de los pueblos y ciudadanos mexicanos no son dueños del terreno que pisan, sufriendo los horrores de la miseria sin poder mejorar su condición social ni poder dedicarse a la industria o a la agricultura por estar monopolizados en unas cuantas manos las tierras, montes y aguas, por esta causa se expropiarán previa indemnización de la tercera parte de esos monopolios a los poderosos propietarios de ellos, a fin de que los pueblos y ciudadanos de México obtengan ejidos, colonias, fundos legales para pueblos o campos de sembradura o de labor, y se mejore en todo y para todo la falta de prosperidad y bienestar de los mexicanos.

8.º   A los hacendados, científicos o caciques que se opongan directa o indirectamente al presente Plan, se les nacionalizarán sus bienes y las dos terceras partes que a ellos les correspondan se destinarán para indemnizaciones de guerra, pensiones de viudas y huérfanos de las víctimas que sucumban en la lucha del presente Plan.»

El presidente Madero, haciéndose eco del reto del «Atila del sur», según la prensa, envía un poderoso ejército a combatir a Emiliano Zapata, una campaña a sangre y fuego que sucesivamente está a cargo de Arnoldo Casso López, Juvencio Robles y Felipe Ángeles.

REBELIONES VAN, REBELIONES VIENEN

El turno de Bernardo Reyes

Emiliano Zapata, por el sur, se enfrenta en una lucha sin cuartel «contra todo y contra todos», como solía decir: «Revoluciones van, revoluciones vendrán; yo seguiré haciendo la mía.»

Al presidente Madero, sin embargo, le siguen apareciendo opositores en otras regiones del país. Una de ellas es la del general Bernardo Reyes, incluso antes de que se celebren las elecciones presidenciales. Reyes hace todo lo posible para que se pospongan pero sin éxito. A partir de ahí se rebela y desaparece para conspirar. Cerca de ésta, hay una más, la del sobrino del dictador, ya en el exilio francés: Félix Díaz. Las dos rebeliones en un principio son independientes entre sí, pero, como asegura Berta Ulloa, «las circunstancias y las intrigas acabaron por unirlas en la Decena Trágica para asestarle el golpe definitivo a Madero».

Van y vienen los planes, como las revoluciones. México resulta el país de los planes, que son los argumentos con los que, en aras de salvar a la Patria, unos y otros se han lanzado a la aventura política, incluso por encima del orden constitucional. La historia se ha encargado de poner en su lugar a cada uno de estos proyectos político-militares.

La rebelión del oscilante general Bernardo Reyes empieza con el Plan de la Soledad, del 16 de septiembre de 1911, y desde Texas conspira para derrocar a Madero y asumir la presidencia. Su actitud termina en un sonoro fracaso; se salva de ser fusilado gracias a Madero, el hombre al que quería destituir. Sin embargo, antes intenta el asalto al poder por la vía democrática. El 2 de agosto comunica a Madero, en una entrevista personal en Tehuacán, Puebla, que desea participar en los comicios electorales, cediendo «a los deseos de sus partidarios». Madero se lo cuenta el mismo día al presidente interino. Reyes quiere hacer una campaña «netamente democrática». Madero, a su vez, le indica a Reyes que sería grave «que fueran a recurrir a las armas para dirimir esta cuestión y que el gobierno procedería con toda energía contra los que intentasen alterar el orden o perturbar la paz». Agrega Madero que el general Reyes «me dijo que sus antecedentes como militar alejaban toda sospecha de él... que... daba su palabra de honor de que jamás recurriría a esos medios y que por el contrario su espada estaría al servicio del Gobierno en caso de que alguien intentase alterar el orden». La carta está firmada por Madero y Reyes.

El 9 de agosto, por fin, Reyes acepta la candidatura de los clubes reyistas. Otros partidos eligen a sus candidatos y todos se inclinan por apoyar a Madero como presidente, mientras el gobierno interino se esfuerza por acabar con Emiliano Zapata, sin conseguirlo. Madero llega luego a acusar a Reyes de que el general Huerta sigue sus consignas; no tiene pruebas pero Madero se apoya en «la prueba moral y la certidumbre» de que Bernardo Reyes fomentaba la represión en Morelos para evitar el fin del conflicto. A raíz de esas «revelaciones» o «suposiciones», como dice Benavides Hinojosa, Huerta y Reyes protestan, y de ahí se pasa al malestar creciente, de palabra a la agresión física. El 10 de septiembre, en la convención nacional reyista, se acusa a Madero de constituirse en un clan de «nuevos científicos», de nepotismo, y no respetar los derechos humanos. Luego piden que las elecciones, previstas para el 1 y 15 de octubre, se pospongan. Su propuesta no prospera y se retira de la arena electoral. El embajador norteamericano le califica entonces de ser «una figura de latón que quería aparecer como acero... un soldado y patriota de ópera bufa... un bufón en la arena política». Y esa opinión, recuerda Benavides Hinojosa, «pesaría gravemente en los intentos revolucionarios reyistas en los Estados Unidos».

Reyes se embarca en el vapor *Monterrey* con rumbo a Estados Unidos y desde ahí se dedica a conspirar contra el presidente Madero, ganador en las elecciones. En noviembre el flamante presidente manda al hermano del anterior presidente interino, Luis León de la Barra, para convencer a Reyes de que desista en la rebelión. De paso, el Gobierno de Madero informa al de Estados

Unidos de las actividades de Bernardo Reyes y éste le aprieta las tuercas (detienen a muchos de sus partidarios), al punto de que no le queda otra posibilidad que retornar de nuevo a México, por Nuevo León, su vieja área de influencia, el 13 de diciembre de 1911. Al entrar a México precipitadamente (arrestado y puesto en libertad con fianza, tenía pendiente un juicio con la Administración norteamericana) con un pequeño grupo armado se encontró tan desolado como Madero, el 20 de noviembre, pero a éste nadie le ayuda después como a Madero. Perseguido por los federales, Reyes vaga durante doce días por el monte y el desierto con más compañía que su sombra; sus pocos amigos le abandonan poco a poco y se queda solo. Se rinde el 25 de diciembre en Linares, Nuevo León, ante el sorprendido jefe de las fuerzas rurales, el teniente Plácido Rodríguez. El prestigioso general porfirista se le rendía, desolado. Está hambriento, cubierto de barro y tiene frío. Se le permite, incluso, enviar un telegrama al general Gerónimo Treviño, jefe de la tercera zona: «Llamé al pueblo y al ejército, pero ni un solo hombre vino en mi apoyo... Declarando la imposibilidad de hacer la guerra, yo... me pongo a su disposición.» El general Treviño ordena por su parte que el prisionero fuera puesto en libertad en Linares, bajo palabra de honor.

Su Plan de la Soledad, en donde dice a la nación que «la situación anárquica en que hoy se encuentra la República bajo el bastardo poder del ciudadano Francisco I. Madero...», nunca llega a conocerse porque todo su proyecto se viene abajo. Quería modificar el Plan de San Luis, pero ahora tiene que hacer frente a la prisión militar que le espera, la de Santiago Tlatelolco, en la ciudad de México, acusado del delito de rebelión. El embajador Wilson informó a Washington, «para su disgusto», como dice Ross, que la rebelión reyista «para el descanso de todos los partidos» había seguido su curso y había llegado al «más ignominioso, indigno y grotesco fin».

Charles C. Cumberland resume muy bien parte de la historia de este general mexicano: «Reyes es una de las figuras más trágicas de la moderna historia mexicana. Arrogante, terco y ambicioso, pero de escasa valentía personal o moral, ejemplificaba a una parte de la población. Nunca admitió su error; no podía creer que los mexicanos inteligentes prefirieran a Madero antes que a un general de división famoso. Oculto detrás de una fachada patriótica y reformista, trazó planes y conspiraciones para llegar a presidente, de preferencia por elección pero, si era necesario, por la fuerza. Si hubiera dominado sus ambiciones políticas podría haber sido una fuente de influencia estabilizadora, pero su arrollador deseo de ocupar el cargo de presidente estimuló a la reacción, impulsó la deslealtad y produjo disensiones y revueltas.»

Su plan fue insuficiente con sus dieciséis puntos y tampoco levanta el entusiasmo del ejército, ni siquiera el de su famoso subordinado, Victoriano Huerta, que se mantuvo neutral ante las noticias procedentes del norte. Bernardo Reyes estará fuera de circulación exactamente trece largos meses, hasta el 9 de febrero de 1913.

Pascual Orozco se rebela

Los movimientos sediciosos contra el Gobierno constitucional tienen sus matices, como se ha visto, entre la postura revolucionaria (devolver tierras usurpadas, la oposición al presidente por «tibio») y la contrarrevolucionaria (el porfirismo sin Porfirio, la reacción de los propietarios contra las reformas). Entre unas y otras, se intuyen acciones aparentemente contradictorias. El 31 de octubre de 1911, siete días antes de que Madero ocupe la silla presidencial, se firma un plan revolucionario denominado Plan de Tacubaya, desconociendo al futuro gobierno. Así lo resume Silva Herzog: el Plan declara nulas las elecciones, se disuelven las Cámaras «y sin disimulos ni eufemismos, en forma directa, se decía que el propósito fundamental» era llevar a la presidencia a Emilio Vázquez Gómez, «a quien se colmaba de elogios y se le atribuían las más altas virtudes cívicas». El Plan recuerda que es «el problema agrario, en sus diversas modalidades», la causa fundamental «de la que derivan todos los males del país y de sus habitantes». En éste como en otros casos, los rebeldes quieren modificar el Plan de San Luis, presuntamente para mejorarlo.

No obstante, es la rebelión de Pascual Orozco la que mete al Gobierno de Madero en otra crisis político-militar, la más peligrosa en el norte. Emilio Vázquez Gómez fue otra víctima de ambición personal que huyó de México por «temores infundados», como dice Cumberland y, tras apoyar a Reyes en octubre, sigue su propio camino luego, relacionado con el movimiento de Orozco. Y al grito de «¡Tierra y Ley!», unos cinco mil antiguos revolucionarios «asesinaron a sus jefes» y se lanzaron a la revuelta. La rebelión de Pascual Orozco se sustenta en «maquinaciones conservadoras», porque en el estado de Chihuahua, donde se desarrolla «la traición» contra Madero, está vivo el descontento revolucionario, «por la insatisfacción local de la ausencia de mando», apunta Ross, debido a que Abraham González se había ido al gabinete de Madero. Vázquez Gómez, por su parte, desde Texas, lugar de la conspiración, manda decir a sus partidarios en México que «la caída del señor Madero se va a realizar con asombrosa rapidez. Nadie, absolutamente nadie, es capaz de evitarlo». Y añadía: «La cuestión dura no es Madero; Madero cae por sí mismo. La cuestión es Reyes. O nosotros (la Revolución) entregamos la situación a Reyes, o la tomamos nosotros mismos.» La carta fue publicada por *El Gráfico* el 28 de noviembre de 1911 y alude a una situación previa a la derrota de Bernardo Reyes.

La cuestión es que el 31 de enero de 1912 hay disturbios en Ciudad Juárez y Chihuahua. La ciudad fronteriza (con El Paso, Texas) es un punto enigmático para cualquier revolucionario de la época. Ahí triunfa la revolución de Madero y ahí quieren ganar otras revoluciones. La guarnición se rebela al final en Ciudad Juárez. El gobierno ordena a Pascual Orozco y a los generales José González Salas, Victoriano Huerta y Agustín Sanginés, la represión contra los alzados. Sin embargo, con los seis mil hombres que el Gobierno de Madero pone a sus órdenes, recupera Ciudad Juárez y Chihuahua: «Ha llegado la hora —les dice— en que todos los verdaderos patriotas deben procurar el restablecimiento del orden.» La consecuencia es inmediata: el mismo Orozco se rebela contra el gobierno el 3 de marzo y controla el estado de Chihuahua, secundado por la legislatura local y otros jefes revolucionarios, con excepción de Doroteo Arango, conocido popularmente como Pancho Villa.

El plan de Orozco (Pacto de la Empacadora), firmado en Ciudad Juárez el 25 de marzo de 1912, tiene las firmas de Pascual Orozco, José Inés Salazar, Emilio Campa, Cheche Campos y Benjamín Argumedo, entre otros. Se dice que luchará por el triunfo del Plan de San Luis, del Plan de Tacubaya y del Plan de Ayala. Silva Herzog lo considera el más avanzado de todos y que a simple vista se advierte la influencia del *Manifiesto del Partido Liberal* publicado en 1906. Al margen de los considerandos, escrito de forma ampulosa y pedestre, sus artículos contienen «una visión certera de algunos de los problemas fundamentales de México. Están redactados con claridad y son antecedentes de la Constitución de 1917», en palabras de Silva Herzog. El rosario de denuncias contra Madero resulta excesivo y, para Cumberland, «cada una de esas acusaciones era una distorsión monstruosa de un hecho real». La rebelión no cuaja por falta de municiones y armas, porque el Gobierno norteamericano lo prohíbe.

El general González Salas, enviado por el Gobierno de Madero, fracasa en el intento de vencer a los rebeldes en la estación ferroviaria de Rellano, situada en un cañón sinuoso, y se suicida. Victoriano Huerta le sustituye, con una fuerza mejor y más equipada, y derrota a las fuerzas de Orozco en las batallas del 22 y 23 de mayo (otra vez en Rellano) y más tarde en Bernejillo, Jiménez y Bachimba (3 de julio). Finalmente, somete a todos los rebeldes y consolida su prestigio «de hábil estratega». Las fuerzas rebeldes se dispersan en pequeños grupos hostiles (degradados a meros forajidos) y se diluyen, y, como afirma Berta Ulloa, el ejército federal recupera su reputación y «fue el sostén del Gobierno de Madero». Sin embargo, Huerta queda resentido con Madero porque se le quita el mando de la División del Norte «al sospechar sobre su lealtad» y porque no obtiene su ascenso como general de División. No obstante, Madero regala un automóvil a Huerta y al herido Aureliano Blanquet le eleva al grado de general y le regala un reloj de oro adornado con brillantes. A Atrucy Aubert le obsequia con una casa comprada con fondos de la familia y le asciende a general de Brigada. Para otros jefes y oficiales hubo premios y ascensos.

Enrique Krauze escribe que el 15 de septiembre de 1912, Victoriano Huerta se emborracha en la cantina El Gato Negro, de Ciudad Juárez —según su hábito—, y comenta a sus oficiales: «Si yo quisiera, me pondría de acuerdo con Pascual Orozco, y con veintisiete mil hombres iría a México a quitar a Madero de presidente.» No obstante, cuando se entera el general Ángel García Peña, el nuevo ministro de la Guerra, de esa bravata, lo destituye del mando. Pero días más tarde, el presidente Francisco I. Madero concede a Huerta finalmente el rango de general de División. «Al hacerlo, no le mueve, por esta vez, la bondad, sino la conveniencia de tenerlo aplacado. Con toda su aparente inocencia, Madero no olvidaba que su historia personal con Huerta estaba tapizada de traiciones.»

Entre tanto Orozco se desacredita y Villa también, por una cuestión aparentemente poco revolucionaria: La detención de Villa por Huerta por robar un caballo y negarse a devolverlo a un personaje de la región. A punto de ser fusilado, Madero decide que fuera a la prisión militar de Santiago, de donde se fuga, aparentemente gracias al propio presidente de la República. Villa nunca olvida que le salva la vida Madero «y siempre tuvo para él y su memoria las palabras de mayor afecto, gratitud y admiración», recuerda Silva Herzog.

Berta Ulloa apunta además que Venustiano Carranza, José María Maytorena y Eulalio Gutiérrez, según algunos rumores, se niegan a licenciar a las tropas irregulares (rurales incluidos) de los estados de Coahuila, Sonora y San Luis Potosí. Éstas se habían formado para combatir a los rebeldes de Pascual Orozco, pero el Gobierno considera que los gastos son excesivos. «Los tres gobernadores pagaron a las tropas con fondos de sus respectivos estados, en calidad de préstamo a la federación.»

El sobrino del dictador

La derrota de Pascual Orozco en el norte de México no trae la paz al país. Aun antes de que el último grupo orozquista fuera dominado, el ex general Félix Díaz se subleva en Veracruz el 16 de septiembre. El sobrino del ex dictador Porfirio Díaz amenaza ahora al Gobierno de Madero, desde el flanco sur-este. Es otro hombre descontento con la nueva situación. Confiado como otros que le han precedido en el intento desestabilizador, Díaz cree que su prestigio en los círculos militares y conservadores es suficiente para hacerle frente al Gobierno: confía en que le ayudará el ejército federal y por eso «no trazó planes más allá de la toma de Veracruz». El 10 de octubre abandona calladamente el puerto, donde estaba al mando del ejército federal, «y menos de una semana después lo tomó sin disparar un tiro, cuando la guarnición se negó a disparar contra sus fuerzas de Orizaba y Oaxaca. Solicitó a Estados Unidos el reconocimiento como beligerante, aprovechando la ocasión para negar que tuviera ambiciones personales y prometer que celebraría elecciones nacionales, apenas se normalizara la vida nacional».

No hay ningún plan salvador de la patria, sólo actúa de esa forma para recuperar «el honor» del ejército que había sido «pisoteado» por Madero. Por tanto, en esta sublevación sólo hay motivos personales.

Como en el caso de Bernardo Reyes, Félix Díaz se queda solo. El ejército permanece fiel al presidente constitucional. Sin embargo, la captura del rebelde ocasiona las mismas dudas que producen los tradicionales cercos contra Ciudad Juárez: el temor a la reacción norteamericana. Y en el puerto de Veracruz viven muchos extranjeros, norteamericanos entre la colonia extranjera. Para que no quede duda, Washington envía el crucero *Des Moines* a Veracruz; los diplomáticos norteamericanos se encargan de hacer evidente que cualquier intento de tomar la ciudad por las tropas federales «provocaría una intervención norteamericana», escribe Cumberland. Aun así, los federales cercan la ciudad y, tras un breve enfrentamiento, se hacen con ella con relativa facilidad el 23 de octubre de 1912.

La derrota de Félix Díaz es un serio revés para los opositores al Gobierno de Madero y entre los desilusionados por aquella derrota se encuentra el cónsul norteamericano Schuyler, quien escribe al Departamento de Estado que «este fracaso de la sublevación complica mucho la situación general. El triunfo temporario sólo traerá como resultado una prolongación de los disturbios... La Administración Madero es absolutamente impotente para imponer aunque sea una apariencia de paz y orden».

El presidente Madero, por su parte, sigue con la moral alta. Ha derrotado, dentro de la legalidad, a tres rebeliones instigadas y apoyadas por los conservadores: Bernardo Reyes, Pascual Orozco y Félix Díaz. El ejército federal se ha mantenido en su puesto como defensor del régimen constitucional y el orden establecido democráticamente. A pesar de ello y de que la última sublevación implica una derrota para las aspiraciones reaccionarias, ello no quiere decir que no lo intenten otra vez. Tras la primera impresión, los contrarrevolucionarios lo volverán a intentar. Y mantienen viva la llama de la intriga y la conspiración.

Capítulo XI

— El golpe de Estado de Victoriano Huerta —

EL TRIUNFO DE LA CONTRARREVOLUCIÓN

DICE Berta Ulloa que la Revolución mexicana que se desarrolló entre 1910 y 1920 fue una «revolución intervenida». Por acción o por omisión, esto fue así, añaden a su vez Lorenzo Meyer y Josefina Zoraida. No quiere decir que dicten el resultado final de la guerra civil mexicana, pero no se puede explicar el desarrollo de la Revolución «sin tomar en cuenta las múltiples y a veces contradictorias políticas del gobierno y de los intereses norteamericanos en relación con el conflicto mexicano».

La guerra civil y la intervención norteamericana

Hay múltiple documentación de que esto ha sido así. Véase el régimen de Porfirio Díaz, en su fase final; el del presidente interino Francisco León de la Barra, el gobierno constitucional de Francisco I. Madero y las peripecias de los otros dirigentes revolucionarios (Villa, Zapata, Venustiano Carranza o Álvaro Obregón). Ahí está también la descarada actitud del embajador norteamericano Henry

Lane Wilson, conspirando abiertamente contra un Estado sobera- no, aliándose con la contrarrevolución representada, tras los inten- tos de Bernardo Reyes, Pascual Orozco y Félix Díaz, por el general de división Victoriano Huerta.

Madero se enfrenta a los problemas heredados por León de la Barra, pero agudizados, y a otros nuevos. El aumento de los grupos rebeldes alarma a Estados Unidos, a antiguos maderistas insatisfechos y a otros movimientos encabezados por viejos por- firistas. Muchas de sus acciones tienen lugar en la frontera nor- teamericana. A diferencia de la dictadura porfirista, el gobierno democrático de Madero es más libre y, por tanto, sujeto a los riesgos que tiene la libertad. No pasa inadvertido a los ojos del intrigante Wilson, que observa un «ambiente nacionalista» y una «desprotección» de los intereses norteamericanos. Washington considera siempre que incluso con la intervención armada, si fue- ra necesario, participaría en México. Confidencialmente el em- bajador Wilson insiste en «la conveniencia de hacer preparativos para pacificar a México por la fuerza». El embajador Wilson está convencido de la imposibilidad del Gobierno de Madero «para mantener el orden social y, por tanto, del efecto negativo que te- nía para los intereses norteamericanos».

Meyer y Zoraida escriben que el 28 de agosto, en un infor- me a Washington, Wilson califica al gobierno mexicano de «apá- tico, ineficaz, cínicamente indiferente o estúpidamente optimis- ta». En septiembre de 1912, cuando la situación en México había mejorado, Washington se queja a México con una de las notas «más duras en la historia de las relaciones entre los dos países». Se acusa al Gobierno de Madero de no proteger a los ciudada- nos norteamericanos, de negligencia para investigar la muerte violenta de diecisiete de ellos, de sancionar acciones legales «frí- volas» o infundadas en contra de otros y de discriminar contra ciertas empresas norteamericanas. En este punto, la nota se re- fiere a un impuesto petrolero de 20 centavos por tonelada de cru- do contra la compañía de Tlahualillo, a una decisión que afecta a la agencia Prensa Asociada, al diario *Mexican Herald* o la in- demnización pedida por la Mexican Packing. «En consecuencia, el Gobierno de Estados Unidos declaraba su intención de reservarse el derecho de tomar las medidas que considerara adecuadas a cada paso. La nota concluía exigiendo a México que declarara cuáles eran las medidas que iba a adoptar para resolver los problemas planteados. Prácticamente, se trataba de algo muy similar a un ultimátum.»

Wilson teme el «antiamericanismo» de Madero e insiste en que «estaba haciendo una campaña contra los intereses norteamericanos en México», y anunciaba «confiscaciones, dificultades y desplazamientos por medio de decretos judiciales obtenidos por soborno», a menos que «se enseñe a tiempo (a México) que cada norteamericano y cada empresa norteamericana» merecen respeto.

Meyer y Zoraida creen que la nota golpea la «precaria estabilidad del gobierno revolucionario», pues Washington pone en tela de juicio la soberanía mexicana y su capacidad para cumplir «con sus deberes básicos, y sugería que ellos podían encargarse de esto último, llegado el caso». México, por su parte, responde a la altura de «las circunstancias», pero no consigue rebajar la tensión. Al contrario, Estados Unidos presiona con sus naves de guerra frente a los puertos mexicanos y el conspirador, su embajador, siguió convencido de que el Gobierno de Madero es contrario a los intereses de su país.

LA SEDICIÓN APARECE

Liberación de Bernardo Reyes y Félix Díaz

A principios de 1913, el Gobierno de Francisco I. Madero parece que camina con cierta estabilidad, porque los focos rebeldes —uno de los argumentos del embajador Lane Wilson— estaban desapareciendo. Fue entonces, en febrero, cuando una parte del ejército decidió dar un golpe de Estado «teniendo al frente a los dos generales insurrectos que Madero, en vez de fusilar, de acuerdo con los consejos de guerra respectivos, había perdonado enviándoles a prisión», es decir, Bernardo Reyes y Félix Díaz.

El recién llegado embajador de Cuba en México, a finales de 1912, Manuel Márquez Sterling, recibe estos comentarios: «Ha venido usted en mala época, señor ministro; y pronto ha de ver al Gobierno hecho pedazos y a Madero acaso navegando hacia Europa. Es un apóstol a quien la clase alta desprecia y de quien las clases bajas recelan. ¡Nos ha engañado a todos! No tiene un átomo de energía, no sabe poner al rojo el acero, y ha dado en la manía de proclamarse un gran demócrata. ¡No fusila, señor! ¿Cree usted que un presidente que no fusila, que no castiga, que no se hace temer, que invoca siempre las leyes y los principios, puede presidir? El mundo todo es mentira. ¿Cómo pretende Madero gobernarnos con la verdad? Si dentro del apóstol hubiera un don Porfirio oculto y callado, México sería feliz.»

Así lo escribió el embajador en su libro *Los últimos días del presidente Madero*, pero en realidad el país seguía funcionando dentro de una normalidad adecuada, porque ninguno de los intentos rebeldes cuenta, en realidad, con el apoyo de las masas o de las fuerzas armadas. En cambio funcionaban la sedición y los rumores, las distorsiones y la atmósfera de desconfianza, creada artificialmente por la prensa «libre». A Madero sin embargo no le dejan trabajar, a pesar de algunas de sus medidas económicas y sociales: legaliza la libertad sindical y de huelga, se humaniza el trabajo en las fábricas, se crea el Departamento de Trabajo, se respeta la independencia de los poderes y avanza en el rompimiento del centralismo... Andrés Molina Enríquez llega a decir que el Gobierno de Madero debería ser considerado como «el más agrarista que hemos tenido. Éste duró un año, y si hubiera durado los cuatro de su periodo, la cuestión agraria probablemente hubiese sido resuelta. La gran masa de la nación siempre ha creído eso, y por eso ha llorado sobre la tumba de Madero».

En el fondo, sin embargo, pesan más las acciones armadas, las rebeliones y las insidias. Madero respeta la ley y, en su informe a la nación en septiembre de 1912, recuerda que «... si un gobierno tal como el mío [...] no es capaz de durar en México, señores, deberíamos deducir que el pueblo mexicano no está preparado para la democracia y que necesitamos un nuevo dictador que, sable en mano, silencie todas las ambiciones y sofoque los esfuerzos de aquellos que no entienden que la libertad florece solamente bajo la protección de la ley».

El presidente parece más realista que de costumbre, porque intuye una atmósfera de inquietud y de aprensión. Los diputados revolucionarios piden al presidente mayor firmeza ante los rumores de golpe de Estado y los dos movimientos rebeldes pasados, el de Reyes y Díaz, confluyen en uno sólo, que fracasa en Veracruz. Los golpistas (Rodolfo Reyes, Samuel Espinosa de los Monteros, Cecilio Ocón, Luis García Pimentel e Íñigo Noriega, entre otros) se mueven casi sin rubor, mientras los cabecillas, Bernardo y Félix, permanecen encerrados entre cuatro paredes. El Gobierno ve con cierta indiferencia los acontecimientos y sólo se concreta a «cateos muy moderados». El embajador cubano, Márquez Sterling, cuenta que parecía un secreto a voces que uno de los golpistas era el general Huerta, quien un día de febrero, antes del 9, aparece en casa del vicepresidente Pino Suárez, que piensa que va ser detenido: «Grande fue su asombro cuando Huerta, abrazándole, le dijo: Señor Pino Suárez, mis enemigos afirman que me voy a sublevar, y aquí me tiene usted a reiterarle mi adhesión al Gobierno.»

Sin embargo, el domingo 9 de febrero de 1913, se produce el levantamiento militar, tanto en la Escuela Militar de Aspirantes de Tlalpan como en los cuarteles de Tacubaya. Los primeros consiguen tomar el Palacio Nacional por poco tiempo, hasta que lo recupera para el orden constitucional el general Lauro Villar, comandante militar de la plaza. Los hombres que dirigen el golpe son los generales Gregorio Ruiz y Manuel Mondragón, quienes liberan de su prisión a Bernardo Reyes y Félix Díaz. Inmediatamente se organiza la ofensiva contra el Palacio Nacional con tres columnas. La primera y la segunda columna están mandadas por Gregorio Ruiz y Bernardo Reyes, pero Lauro Villar y el intendente del Palacio, Adolfo Bassó, les obligan a rendirse. En el combate, Bernardo Reyes cae fulminado de un disparo, frente al edificio. Díaz y Mondragón, que encabezan la tercera columna, se refugian en La Ciudadela, desconcertados.

La Decena Trágica

Qué fácil resulta romper el orden constitucional. Qué fácil pretender que, con su sola presencia, montado en un brioso corcel, Bernardo Reyes iba a rendir el Palacio Nacional y a sus doscientos defensores. Detrás del voluble general porfirista vienen más de dos mil hombres. Pero una bala acaba con su vida y ahí termina su oscilante vida. A pesar de todo, el inicio de la sublevación tuvo problemas con la intendencia, porque algunos soldados se resisten a seguir a los amotinados. Ni siquiera toman en cuenta la detención del leal general Villar. El elemento sorpresa juega en contra de los rebeldes. Se masca la tragedia por todas partes. Dos de sus hijos dicen a su padre Bernardo Reyes que se detenga y no siga, pero insiste en tomar el Palacio Nacional. El golpista Gregorio Ruiz está detenido dentro. Armado con su pistola, de pie, le espera Villar en la puerta central de Palacio. En la acera hay dos filas de soldados. Reyes avanza al encuentro de Villar. Su caballo *Lucero* derriba una ametralladora y su hijo Rodolfo, que cabalga junto a él, intenta detenerle:

—Padre, te matan.

—Sí, pero no por la espalda —contesta el general.

El caballo de Bernardo Reyes derriba una ametralladora. Pero, obsesionado, Bernardo Reyes afirma: «¡Que sea lo que ha de ser, pero de una vez!» Entonces, en el tiroteo, una bala mortal le derriba de su caballo. Queda muerto, tendido en la plaza de la Constitución. Eran las 8:40 horas de la mañana y de la catedral salieron los fieles, asustados. En la refriega, sin embargo, es herido Villar. Esa circunstancia le permite al presidente Madero, tras llegar a Palacio desde Chapultepec, escoltado por los cadetes del Colegio Militar y parte de su estado mayor, dar el mando al general Victoriano Huerta.

Las calles de la ciudad de México son un caos, provocado por el tiroteo entre las tropas leales al presidente Madero y los militares rezagados que aún no se han refugiado en el polvorín de La Ciudadela. Caen víctimas inocentes también en la lucha. Los combates con fusiles, ametralladoras y cañones de todos los calibres, provocan más de dos mil muertos y heridos; hay varios edificios destruidos, miedo y hambre entre la población, en tanto que el embajador norteamericano, Mr. Henry Lane Wilson, decano del cuerpo diplomático, amenaza con la intervención armada de su país y conspira con los sublevados. El refugio de los golpistas, La Ciudadela, a pesar de todo, sigue sin recibir el ataque final de las fuerzas federales comandadas por Huerta. Madero confía y utiliza incluso a los que habían servido a la dictadura de Porfirio Díaz. Madero confía en Huerta, pero los íntimos del presidente dudan, no comprenden «cómo Huerta se decide por la causa del Gobierno...».

Henry Lane Wilson: el peor enemigo de Madero

Y si esto es así, lo reconoce gente opositora del Gobierno, es porque Huerta sabía que aún no era el momento para alcanzar el poder y que a Madero le convenía estar más cerca de Huerta que de Díaz. Pero La Ciudadela no cae en poder de las tropas leales; Huerta no se decide a atacar la fortaleza con toda crudeza. Entonces Madero viaja a Morelos, para entrevistarse con el general Felipe Ángeles, encargado de las operaciones contra Emiliano Zapata. Este general ha dado muestras de respeto por el jefe guerrillero y cuenta con la confianza del presidente. Ambos regresan luego a la capital mexicana y pone a Felipe Ángeles bajo las órdenes de Victoriano Huerta. Una oportunidad más que tiene Madero para desconocer la autoridad de Huerta, una autoridad que el propio presidente le ha dado poco antes. Se argumenta que Ángeles tiene menor rango que Huerta y puede ofender al ejército quitarle el mando.

Huerta utiliza a los oficiales fieles al presidente Madero como carne de cañón en el asalto a La Ciudadela. En ese empeño cae el coronel Castillo y muchos de sus hombres. Huerta tiene menos enemigos, o sea, se deshace en ese ataque —fueron rechazados con fuego de ametralladora— de los soldados sospechosos de firme adhesión al Gobierno legítimo, como dice Silva Herzog.

Desesperado por la ausencia de una ofensiva en regla contra los sublevados, Madero llama a Huerta y le pregunta cuándo será el asalto final a La Ciudadela. Algo más debe decirle «en tono impaciente, transparentándose tal vez una leve sospecha de traición», escribe Silva Herzog, porque, según el testimonio de Alberto J. Pani, Huerta, abrazando a Madero, le dijo: «Yo soy, señor presidente, siempre el mismo: fiel hasta la muerte.»

Al día siguiente, lunes 17, Huerta le dijo a Francisco I. Madero: «Prometo a usted, señor presidente, que mañana todo habrá terminado.»

En esta ocasión, subraya Silva Herzog, «el miserable cumplió su palabra».

Pero no es el único traidor. Hay otros personajes que intrigan abiertamente, como el embajador Henry Lane Wilson, que sin duda, como recuerda Fernando Benítez, es el «peor enemigo» de Madero. Encabezando al cuerpo diplomático (se menciona sólo a Cólogan, de España; Von Hintze, de Alemania, y Stronge, de Inglaterra), amenaza al presidente con la intervención militar. Madero responde que, según le afirma Victoriano Huerta, La Ciudadela cae al día siguiente. El embajador Wilson es como una víbora venenosa a punto de morder. El secretario de Estado Philander C. Knox transmite al presidente Taft que «(algunos de los informes) pueden caracterizarse por la intención del embajador de forzar a este Gobierno a inmiscuirse en la situación mexicana. El claro desacuerdo entre el embajador y el Departamento de Estado es tan fundamental y serio, que el Departamento cometería un error si no trajera ante usted esta difícil cuestión».

El libro de Márquez Sterling sobre la situación de aquellos días es sustancioso en el comportamiento del diplomático norteamericano. Y como apunta Ross, «la oposición conservadora hablaba de cuándo, no de si Madero caería».

Resulta por tanto inverosímil que Huerta no acabe con los sublevados. La Ciudadela ya no es la fortaleza de 1871. Porfirio Díaz la modificó con varios ventanales. «No entiendo —escribe Rodolfo Reyes, uno de los hijos del general— las artes militares, pero creo que... si los federales hubiesen colocado su artillería debidamente,

La Ciudadela habría sido barrida por el fuego de los cañones. Entonces habrían podido capturarla por asalto.»

El día del golpe, a las cinco de la tarde, Wilson envía un mensaje a Estados Unidos e informa que «el Palacio Nacional era el único lugar todavía leal a Madero». Todo es sospechoso. Cuando Madero regresa de Cuernavaca con Ángeles, se entera que Huerta ha negociado a través de un enviado con Félix Díaz en la pastelería El Globo, situada en el centro de la ciudad. Félix Díaz se pasea, de forma increíble, con total libertad por la ciudad y se entrevista incluso con Huerta. Wilson insiste en sus mensajes de que «prácticamente todas las autoridades locales, la policía y los rurales se habían rebelado a favor de Díaz». Todo es una farsa. Más tarde negocian Huerta y Díaz personalmente y ahí se sella «la caída de Madero, pero la decisión de cuándo ocurriría se la reservó Huerta».

No obstante los informes de Wilson a su país, el Departamento de Estado no lo desautorizó, sino que, incluso, «lo respaldó». Con los representantes diplomáticos alemán, español e inglés, Wilson le pide la renuncia a Madero para resolver la situación. Esta toma de postura fue rechazada de inmediato, porque no tenían ningún derecho para hacerlo. Más adelante, el embajador Wilson ofrece la sede de su embajada para que el jefe rebelde Félix Díaz se entreviste con el general Victoriano Huerta. Ahí se pactan los términos finales del golpe de Estado y el futuro gobierno presidido por Huerta. A esa reunión se la conoce históricamente como el *Pacto de la Embajada*.

Madero y Pino Suárez, asesinados

Con la soga al cuello, en medio de una situación de desconfianza, Madero recibe en el Palacio Nacional el día 18 las visitas de varios senadores para pedirle que renuncie a la presidencia. Le dicen que hay amenazas de invasión. Pero Madero afirma que no lo hará, «no hay motivos», dice. Incluso manda llamar a Victoriano Huerta, para que les informe que el asalto final a La Ciudadela es un hecho. El general reitera su lealtad al gobierno y al presidente. El asalto será a las tres de la tarde, dice el general.

—Ahora, ¿ven ustedes? —preguntó Madero exultante de optimismo—. El general Huerta tiene sus planes y confía en los buenos resultados, no hay razón para alarmarse.

A las dos de la tarde, sin embargo, el presidente Madero es detenido con ayuda del 29 Batallón. Se produce un zafarrancho y hay muertos y heridos, entre los defensores del presidente y sus atacantes. Hasta que el propio Aureliano Blanquet le detiene otra vez.

Los ojos de Blanquet «echaban lumbre» y, apuntando su pistola al pecho de Madero, lanzó un grito convulso:

—¡Ríndase, señor presidente!

—Es usted un traidor, general Blanquet —respondió el presidente.

Rodeado de pistolas, Madero y sus ministros fueron encerrados en la intendencia del Palacio Nacional. Blanquet remató su victoria exclamando frente a la guardia, que seguía presentando armas:

—Soldados: ¡Viva el ejército! ¡Viva la República!

El sarcasmo y el drama no terminan aún. Los golpistas sacrifican a Gustavo Madero y Adolfo Bassó, el intendente de Palacio, entregados a la soldadesca de La Ciudadela. Madero y su vicepresidente, Pino Suárez, han firmado la dimisión de sus cargos, con la esperanza de viajar al exilio cubano. Su amigo Federico González Garza, citado por Silva Herzog, dice que Madero renuncia para salvar la vida «y luchar después en contra de los traidores». En este punto hay controversia a favor o en contra de esa renuncia. Pero el secretario de Relaciones Exteriores, Pedro Lascuráin, la presenta en el Congreso antes de que el viaje se produzca, rompiendo un acuerdo previo. Varios diplomáticos interceden para salvar la vida de los cautivos, haciendo que se marchen rápidamente a Veracruz. Las gestiones de sus familiares, de José Vasconcelos y los embajadores de Chile, Cuba y Japón, ante el representante norteamericano, Henry Lane Wilson, para que hiciera valor su influencia con Huerta, fracasan. Wilson tiene la desfachatez de decir que él no se mete en los asuntos internos de México.

Finalmente, la noche del 22 de febrero de 1913, Madero y Pino Suárez, por órdenes de Aureliano Blanquet, confirmadas por

Huerta y Mondragón, suben a los vehículos que les llevarán a la muerte. En el trayecto del Palacio Nacional a la penitenciaria son asesinados en una operación burda, camuflada de intento de fuga. Así concluye la traición de Victoriano Huerta, el hombre que fue calificado por Jesús Silva Herzog como «un malvado químicamente puro».

Con la presidencia interina de Pedro Lascuráin por unas horas, Huerta toma posesión de la presidencia de la República por unos cuantos meses, hasta que huye del país. La verdadera Revolución mexicana ha empezado... Pero ésta es otra historia.

BIBLIOGRAFÍA

BARROS, CRISTINA y MARCO BUENROSTRO. *Vida cotidiana Ciudad de México. 1850-1910.* Consejo Nacional para la Cultura y las Artes, FCE, UNAM, Lotería Nacional; México, 1996.

BENAVIDES HINOJOSA, ARTEMIO. *El general Bernardo Reyes. Vida de un liberal porfirista.* Ediciones Castillo, Monterrey, Nuevo León; México, 1998.

BENÍTEZ, FERNANDO. *Lázaro Cárdenas y la Revolución Mexicana. I. El Porfirismo.* Biblioteca Joven Fondo Cultura Económica (FCE); México, 1983.

C. CUMBERLAND, CHARLES. *Madero y la Revolución Mexicana.* Siglo XXI, Ediciones, 1.ª edición en español 1977. Traducción de Stella Mastrangelo.

C. VALADÉS, JOSÉ. *Francisco I. Madero ante la historia.* Semblanzas y opiniones. Biblioteca del Instituto Nacional de Estudios Históricos de la Revolución Mexicana; México, 1973.

CASTILLO, HEBERTO. *Historia de la Revolución Mexicana.* Escrito en Lecumberri de 1969 a 1971. 2.ª edición. Editorial Posada; México, 1977.

FRANCISCO I. *Madero ante la historia. Semblanzas y opiniones.* Biblioteca del Instituto Nacional de Estudios. Historia de la Revolución Mexicana; México, 1973.

GARFIAS M. LUIS. *La Revolución Mexicana*. Panorama Editorial, 2.ª reimpresión; México, 1993.

GONZÁLEZ, LUIS. *Historia general de México*, dos tomos, El Colegio de México, México; primera reimpresión; México, 1986.

HAMNETT, BRIAN. *Historia de México*.1.ª edición en español 2001. Traducción de Carmen Martínez Gimeno. Cambridge University Press; Madrid, 2001.

HISTORIA MÍNIMA DE MÉXICO. El Colegio de México. Eduardo Blanquel, Daniel Cosío Villegas, 6.ª reimpresión; México, 1981.

IMAGEN DE FRANCISCO I. *Madero*. Departamento del Distrito Federal; México, 1984. Eliseo Rangel Gaspar.

KRAUZE, ENRIQUE. *Francisco I. Madero. Místico de la libertad*. Biografía del poder/2, Fondo de Cultura Económica; México, 1987.

— *Porfirio. El destierro*. Enrique Krauze y Fausto Zerón-Medina. Editorial Clío; México, 1993.

— *Porfirio. El derrumbe*. Enrique Krauze y Fausto Zerón-Medina. Editorial Clío; México, 1993.

— *Biografía del poder. Caudillos de la Revolución Mexicana (1910-1940)*. Tusquets Editores; Barcelona, 1997.

— *Emiliano Zapata. El amor a la tierra*. Biografía del poder/3, Fondo de Cultura Económica; México, 1987.

LA SUCESION PRESIDENCIAL EN 1910. Edición fascimilar establecida y anotada por Catalina Sierra. Introducción de Agustín Yáñez. Ediciones de la Secretaría de Hacienda; México, 1960.

LÓPEZ GONZÁLEZ, VALENTÍN. *El Plan de Ayala*. Cuadernos zapatistas 1981, 2.ª edición, Morelos; México.

M. MÁRQUEZ STERLING. *Los últimos días del presidente Madero*. Edición facsimilar. Instituto Nacional de Estudios Históricos de la Revolución Mexicana, México; 1985. 1.ª edición. La Habana, 1917.

MADERO: PRESENCIA DE LA REVOLUCIÓN MEXICANA. Departamento del Distrito Federal, Colección Conciencia Cívica Nacional; México, 1983.

MEYER, LORENZO. *México frente a Estados Unidos (un ensayo histórico 1776-1988)*. FCE, el Colegio de México, 1989, 2.ª edición corregida y aumentada.

MORENO, DANIEL. *Francisco I. Madero. José María Pino Suárez. El crimen de la embajada*. Figuras mexicanas, Libro Mex, editores; México, 1960.

NATIVIDAD ROSALES, JOSÉ. *Madero y el espiritismo. Las cartas y las sesiones espiritistas del héroe*. Colección Duda. Editorial Posada; México, 1973.

PACHECO, JOSÉ EMILIO PACHECO. *Bernardo Reyes, bajo el signo de Marte*. Revista «Proceso», número 270, 4 de enero de 1982; México.

PENSAMIENTO Y ACCIÓN DE FRANCISCO I. MADERO. Biblioteca del Instituto Nacional de Estudios Históricos de la Revolución Mexicana; México, 1973.

PÉREZ LÓPEZ-PORTILLO, RAÚL. *Historia Breve de México*. Silex Ediciones; Madrid, 2002.

PROCESO. Revista número 671, 11 de septiembre de 1989; México.
— Revista número 674, 2 de octubre de 1989; México.

R. ROSS, STANLEY. *Francisco I. Madero. Apóstol de la democracia*, Versión española de Edelberto Torres. Biografías Gandesa; México, 1959.

SILVA HERZOG, SILVA. *Breve historia de la Revolución Mexicana*. FCE, dos tomos; México, 1973, séptima reimpresión.

ULLOA, BERTA. *Historia general de México*, dos tomos, Colegio de México, México; primera reimpresión; México, 1986.

ZORAIDA VÁZQUEZ, JOSEFINA. *México frente a Estados Unidos (un ensayo histórico 1776-1988)*. FCE, el Colegio de México, 1989; 2.ª edición corregida y aumentada.

ÍNDICE

TÍTULOS PUBLICADOS EN ESTA COLECCIÓN

SALMA HAYEK
Vicente Fernández

SOR JUANA INÉS DE LA CRUZ
Juan M. Galaviz

JOSÉ VASCONCELOS
Juan Gallardo Muñoz

VICENTE GUERRERO
Jorge Armendariz

GUADALUPE VICTORIA
Francisco Caudet

JORGE NEGRETE
Luis Carlos Buraya

NEZAHUALCOYOTL
Tania Mena

IGNACIO ZARAGOZA
Alfonso Hurtado